ポストコロナの
文明史像
「生への選択」とトインビー

吉澤五郎

潮新書
041

潮出版社

父 アーノルド・トインビーの肖像画（作：ローレンス・トインビー）

はじめに――〈人間〉それ自らに背くもの

人類への「一つの警告」

今日、身近な「二十一世紀の問題」として、地球全体を覆う「グローバル危機」の問題があります。いわゆる、世界に広がる深刻な「負の連鎖」です。じじつ、これまで人類の生命を豊かに育んできた「母なる地球」の未来が、果てしない危機にさらされています。もはや、人類共同の命運を託した「宇宙船地球号」の運航も危うくなりました。

その背景には、一連の「地球的問題群」がひそんでいる、といえましょう。たとえば、周知の環境汚染、地球温暖化、あるいは資源の枯渇《こかつ》、種の絶滅等の問題があります。これらの問題群は、いずれも一国家の枠組みをこえる地球規模の課題といえましょう。もはや、自然が培う生態系の不可逆な劣化を招いています。しかも、自然そのものの変動というより、むしろ人間の強欲がはらむ「負の遺産」を意味しています。つまるところ、地球環境の悪化は、自然の摂理に背いた人間精神の疲弊に対応する、とも申せましょう。

現に、「国連」の場に設けられた「気候変動に関する政府間パネル」（ＩＰＣＣ）は、その「報告書」（「第六次評価報告書」、二〇二一年八月）において、地球の温暖化は「人間が生んだ危機である」と明記しています。申すまでもなく、その原因は人類が排出する温室効果ガスである、といえましょう。

また、世界の科学的な叡智《えいち》を集めた「予測」では、今後二〇年以内に「産業革命」前からの気温上昇が一・五度に達する、との見通しを告げています。ちなみに、その場合の自然災害は、現在より「熱波」が八・六倍、また「豪雨」が一・六倍へと増幅されることになります。じじつ、一連の「気候危機」は現実のものとなり、世界各地に予想外の豪雨や干ばつ、あるいは熱波や山火事等が頻発しています。

今日、まさに一人ひとりの「人間責任」として、かの地球温暖化対策への世界的な決意を固めた「パリ協定」に、思いを新たにしたいものです。

さらに、世界的に蔓延する「感染症」（新型コロナウイルス）の場合も、その例外ではありません。ある意味で、人間のあくなき野望と環境破壊にたいする、生態系からの「一つの警告」とも申せましょう。他面、現代の政治・社会的な病巣としても、「核拡散」競争の狂気や利益優先の「市場原理」主義、あるいは不条理な貧困・飢餓問題や難民問題等も見逃せません。

いわゆる、今日の「グローバル危機」とは、いち早く国際政治学者の武者小路公秀氏が指摘するように、これまで未曾有の人類史的な危機を意味しています。すなわち、たんなる「政治・経済」上の危機（五百年）にとどまらず、さらに「文明の危機」（五千年）から「生命の危機」（五百万年）にまで遡及するものです。いわば、時系列の異なる「三《み》つ巴《どもえ》の危機」が、しかも同時に進行するという前代未聞の事態です。

一方、人間活動による「地球環境の激変」は、世界の地層にも深い傷跡をのこしています。近年、その「病める地球」を象徴する地質年代として、よく「人新世」（アントロポセン）という言葉が使われています。目下、新聞や関連本のタイトル等にも登場して、一種流行の観もあります。いま、若者の間で「資本論」が熱い、ともいえましょう。その歴史的な端緒となったのは、一説に「一九五〇年代」ともされます。いわゆる、地球史上はじめて核実験が強行され、各地の地層に放射能物質が大量に染みこんだ年代です。果たして、人類は大規模な「生物種の絶滅」ともなりかねない新時代を迎えるのでしょうか。

しかし、人間理性の「審判」は、ほのかな希望を示しています。周知のように、今年（二〇二一年）一月には、国連で「核兵器禁止条約」（TPNW）が発効されました。世に「悪魔の兵器」とつぶやかれる核兵器の使用を、いかなる例外もなく禁止した「希望の条約」です。核兵器史上、はじめてその違法性が指摘され、核廃絶への歴史的な第一歩を踏み出すことになりました。いまや、現代史の改宗として、人類史上の戦争を「悪」とする明確な価値判断が下されたともいえましょう。

かつて、世に「二十世紀最大の歴史家」と謳われたアーノルド・トインビーは、最晩年の手記として、「人類は、豊かな生命圏の〈悪しき種族〉となる汚名を返上できるのだろうか」と危惧しています。また、新たに「地球倫理学」への道を拓いたJ‐Y・クストーは、全地球的な海洋調査から、「果たして人類は、かのイースター島の悲運をたどり、さらに〈絶滅危惧種〉のリストに入るのだろうか」と警告しています。

他方、第一線の宇宙物理学者として著名なマーティン・リースは、長期的な未来像として、人間自体が生みだす「予想外の顛末」を予示しています。同時に、広く宇宙的な視点から、「二十一世紀は、人類最後の世紀か?」と案じながら、新たな「共生価値」の創出と人間知性の転換を強く訴えています。

さらに、もう一人の女性作家レイチェル・L・カーソンの名前も欠かせません。その病を押しての名作『沈黙の春』（一九六二年、邦訳一九六四年）は、いち早く当時の「農薬禍」による自然破壊や人体障害を指弾し、今日におよぶ「公害問題」を告発したものです。ときに、歴史を変えた「ベストセラー」として、また「環境保護のバイブル」として広く愛読された一冊です。同書は、これまで自然を踏み台にして豊かさを謳歌した、いわゆる「ヒト中心主義」への挑戦ともいえましょう。

いずれの論調も、ひとしく現代の「こわれた世界」と病を憂慮し、人間存在の根源的な意味と人類文明史の再考を求めています。ここに、フランスの著名な哲学者G・マルセルの言葉をそえれば、正邪に迷う「人間」〈それ自らに背くもの〉への深い内省であり、新たな「自己超越」への呼びかけである、とも申せましょう。

文明史の「折り返し点」として

総じて、二十一世紀の文明史的な位相は、文字通り全地表をむすぶ「地球文明」の時代を迎えています。いわば、遥かなる人類文明史の「折り返し点」として、これまでの座標軸を見直す一大転機にあります。その特異な時代表象は、現代哲学の最高峰と目されたK・ヤスパースにちなんで「第二の枢軸時代」と称されます。また、わたくし自身は、『新約聖書』（「聖ヨハネの黙示録」）に暗示される「第二の黙示録時代」と呼んでいます。

もとより、仏教思想の運命的な歴史観である「末法思想」や日蓮上人が説く「法華宗」の本旨にも、一脈通じるものがありましょう。いずれも、人類史上の精神的な開眼として、人間の根源的な反省と自己超克を呼びかけるものです。このような、新しい文明の転機に際して、二十一世紀の道標をどう考えるべきでしょうか。その課題は、これまでの人類文明史を総体として読みかえる「地球文明の自己変容」ともなりましょう。

まず、基本的な観点として「文明と価値」の問題があります。申すまでもなく、現実にせまる「文明の転換」問題は、その存在根拠となる「価値の転換問題」に負う、ともいえましょう。ここに、あらためて永遠の課題として、人間存在の根源的な意味と価値が問われることになります。いわば、人間生存の限りない情動である「欲望と闘争」の抑制につとめ、さらに全人類と自然をむすぶ「共生と平和」への叡智を育むことです。

ちなみに、今日、新たに「国連総会」（二〇一五年）で採択された「持続可能な開発目標」（ＳＤＧｓ）が、世界の注目を集めています。しかも、この決議は、国連加盟国（一九三カ国）のすべてが賛同した画期的なものです。その趣旨は、二十一世紀の文明史像として、現今の「人間と地球」に対する危機感から、新しい理念と具体策（一七目標）を定めたものです。いわば、近未来の「世界のかたち」として、人類共通の価値と総合的な目標を示している、ともいえましょう。

果たして、新たな地球目標として、新星「ＳＤＧｓ」が唱える「だれ一人取り残さない」という歴史的な英断は実現するのでしょうか。とくに、私たちの未来世代に対する「人間の責任」として、また今日の「ポストコロナ」の道標としても、その行く末を深く見守りたいものです。

つぎに、歴史的な観点として、人類史上の全体にわたる歴史的な変化と方向を捉えることです。いわゆる、これまで人類が達成した「生態系から文明系」にいたる多様な業績を見直し、未来の全人類的な「一つの世界」への視座から、新しい「人類共通の価値観」（グローバル・エトス）を創出することです。

「聖なる美」の回廊から

さらに、新たに美術史的な観点をそえてみましょう。その課題は、多様な芸術様式の底流にひそむ相互関係と一貫性を探索することです。いわゆる、美術史上の「影響文明圏」の問題です。ここに、一例をあげましょう。たとえば、西洋美術の誕生を告げる「ロマネスク美術」（十世紀末―十二世紀）の旅に出かけましょう。このロマネスク美術は、一望してたしかに「怪奇なる神秘性」をおびたキリスト教美術として魅了されるものがあります。ところで、その源流となるイスラーム主導の「モサラベ美術」（九世末―十一世紀末）やオリエント写本を範とする「ベアトゥス写本」（八世紀末―十世紀）の貢献も見落とせません。

少なくとも、西方「キリスト教美術」の形成にとって、いわゆる「東方起源」の問題を無視できません。じじつ、世界の東西にわたる「美の回廊」を踏査するとき、その深層では「聖なる美」の旋律が相互に美しく響きあっているのです。ちなみに、わたくしが巡歴した「巡礼文明論」の調べから、その代表的な一例を観察しましょう。

まず、イタリア・ラヴェンナの有名な「サン・ヴィターレ聖堂」を飾るモザイク画（「ユスティニアヌス帝と廷臣たち」）は、その厳正な正面性の姿勢や人物表現において、古代シリアの都市遺跡「ドゥラ・エウロポス」の最古の壁画（「コノンの供犠」）を原型としています。また、スペイン・レオンの由緒ある「サン・イシドロ修道院」の天井画（「羊飼いへのお告げ」）は、その動植物の描法において敦煌石窟の壁画（第二四九窟）に遡及しましょう。

さらに、特異なキリスト教美術として有名な「ベアトゥス写本」の挿絵（「キリストの再臨図」）は、遥か日本の浄土教美術を代表する「阿弥陀聖衆来迎図」とも無縁ではありません。とくに、シルクロードの西端シリアを介した仏教美術が、キリスト教美術に与えた影響は大きいといえます。

いずれの作例も、文明間の豊潤な出会いが織りなす「聖なる美」の結晶です。いわゆる、宗教芸術の根源性として、その表層の限りない差異性の深層には、人類を一つに結ぶ調和と通底する価値を読みとることができます。ここに、有名な古生物学者でカトリック司祭でもあるティヤール・ド・シャルダンの名言をそえれば、「すべて高みに登るものは収斂《しゅうれん》する」ということになりましょう。一方、西洋美術史の大家・柳宗玄氏が明察するように、東西を究める宗教芸術の真理として、その源泉は「太陽が一つ」であるように同一である、ともいえましょう。

ここに、かつてトインビーが掲げた「文明の同一性は、差異性よりも重い」という歴史的な真理が、新たな時代の響きをもって甦ります。他方、インドの詩聖ラビンドラナート・タゴールの「遺言」は、「文明の使命とは、人びとのあいだに結合をもたらし、平和と調和を築くことである」と結んでいます。まさに、東西の知性を代表する両者とも、明日の人類がともに生きる「地球文明」の道標を明示している、ともいえます。いま、わたくしたちは、自ら命名した「ホモ・サピエンス」(賢いヒト)という自負の真義が、地球四六億年の歴史のなかで新たに問われることになりましょう。

二十一世紀の「知の希望」は、とくに「三つの価値志向」によって導かれることでしょう。第一は、「未来への志向」であり、第二は、「他者への志向」であり、第三は、「共生への志向」です。トインビーは、いち早くその総体的な理念の構築につとめ、自らその三者をつなぐ「三位一体」の体現者となった、といえましょう。

もっともトインビーの見解は、自らも述べるように、「完結した結論」として唯一の可能性を説くものではありません。むしろ、歴史の真実に向かう「重大な序論」として、各自の創意をこめて理解すべきでしょう。

今日、周知のように、全世界を覆う「グローバル危機」の暗雲が、折しも「新型コロナウイルス」の新風を巻き込みながら低くたれこめています。そのコロナ禍の大流行は、いまだに出口の見えない脅威として立ち塞がっています。しかし、世界の現実は、たとえ苦難の道程としても、かならずしも必然的なものではありません。人間の強い意志と努力によって、新しい変革の第一歩を踏みだすことも可能です。

では、その「希望の小途」は、どのように見出せるのでしょうか。トインビーが、当初予定した「最後の書」として、大きな反響を呼んだ『現代が受けている挑戦』（原題「変化と習慣」、一九六六年、邦訳一九六九年）という著作があります。その主題は、未来の指針ともなる「一つの世界」です。このテーマは、トインビーも参画した「第一回国際比較文明学会」（「ユネスコ」後援、オーストリア・ザルツブルク、一九六一年）の主要テーマの一つです。いまや「歴史の研究」は、他ならぬ「人間事象の歴史」研究として、現代の変動と危機をとりこむ未来に向かって考えるべきでしょう。まさに、「未来とはいまである」（マーガレット・ミード）とも申せましょう。

「生への選択」とトインビー

トインビーは、いわゆる核時代の人類が存続する最重要な課題として、世界を結ぶ新しい「世界国家論」（世界政府論）を提唱しています。すなわち、将来の望ましい「一つの世界」の創設について、世界史上の「統合的傾向」と「分裂的傾向」という二大潮流を綿密に検証しながら、独自の新しい「共生モデル」を考案しています。いわゆる、国際政治学上の「普遍化」（世界政府、世界宗教）と「個別化」（国家、民族）の両立という難問について、独自に歴史的な解明を図ったといえます。

今後、人類文明史の明暗は、何よりも「生《なま》身《み》の神」として君臨する「ナショナリズム」（分裂的傾向）の克服にかかっています。これまで、人類史上にほのめく光に照らせば、地球世界の統合という至上命令も、かならずしも不可能ではありません。新たな「世界主義」の展開として、歴史上の「世界国家」や「世界宗教」の教訓も考慮されるべきでしょう。申すまでもなく、「戦争は人の心の中で生まれる」のと同じように、また「平和も私たちの心の中ではじまる」（ユネスコ、「セビリア声明」、一九八六年）といえましょう。

なお、トインビーの新しい「世界国家論」は、現代国際政治学の観点からも注目されています。いわゆる、国際的な論議をよんだ『文明の衝突』（S・P・ハンチントン、一九九六年）説と異なる、もう一つの「文明共存説」を先導した意義は大きいといえます。じじつ、トインビーの新しい「世界国家論」の提示にたいして、著名な国際政治学者である高坂正堯氏の関心と評価は高いものがあります。

その崇高な「未来の目標」は、現に「世界連邦」構想の新展開として、先般の「G20・外相会議」（二〇一九年）の主要議案ともなっています。さらに、今年開かれた「G20・財務相会議」（二〇二一年七月）では、新たに「国際課税」が導入されることになりました。いわゆる、これまでの不公平な原則や慣習を見直し、世界共通の「広い負担」に応えようとするものです。とくに、旧来の国家的な枠組みをこえる「一つの世界」への試金石として注目されましょう。

他面、かつて「ノーベル平和賞」（一九七九年）を受賞したマザー・テレサは、身を挺して「一粒の麦」として自分が変わることによって世界も変わる、という先例を明かしています。その、もっとも貧しい「無告の民」に寄りそう霊的な使命感と無償の奉仕は、まさに「二十世紀の逆説」として、一条の「希望の光」を灯しています。

つねづね、歴史的な危機の時代は、暗に「苦悩を通しての叡智」ともいうべき、深遠な思想や人生観を呼び覚ます契機ともなります。今日、心新たにトインビーと対面し、その生涯を賭した大いなる構想力と豊穣な知的遺産から、未来の「生への選択」を問う使命と価値は重いといえましょう。

現在、まさに「地球文明史」の大きな転換期を迎えています。二十一世紀の「人類の知的遺産」として、高峰トインビーをどう継ぐべきでしょうか。わたくし自身、俳人・松尾芭蕉の「古人の跡を求めず、古人の求めしところを求めよ」との一句を胸に刻みながら、本書の表題ともなる「ポストコロナの文明史像」を新たに顧みたいと考えます。

ポストコロナの文明史像——「生への選択」とトインビー◆目次

第二部　トインビーの文明批評

第三部　トインビーを語る

第四部　「トインビー追想」の調べ

装丁／清水良洋（Malpu Design）
本文デザイン・ＤＴＰ／Standoff

プロローグ

『疫病と世界史』

――著者マクニールとトインビーの対話

一 「移動する人間」の明暗

「終末時計」とコロナ危機

今日、未知なる感染症の暗雲が、全地表に低くたれこめています。その雲間に失われた「希望の光」は、ふたたび地上に輝くのでしょうか。すでに、人類の滅亡を伝える「終末時計」の針は、わずか「残り時間・一〇〇秒」（二〇二一年）を指しています。

ちなみに、この「終末時計」の表示は、アメリカの科学専門誌（『核科学者紀要』）で毎年公表されるものです。すなわち、滅亡の日を深夜〇時と見立て、世界的な危機が高まると針を進める仕組みです。今日、第二次世界大戦以来もっとも危険度を増している、ともいえましょう。昨今の話題として、先のトランプ米大統領の就任後には、時計の針が急遽一分も進みました。

他方、かけがえのない地球環境の症状はどうでしょうか。いまや、人類の生存を脅かす核戦争の危機や地球温暖化への懸念とともに、新たに「コロナ・パンデミック」（世界的大流行）を加えた「三大リスク」を背負うことになります。国際社会の対応は、まだ未知の脅威に手をこまねいています。さらに、昨今の世界同時「鎖国」により、国際的な緊張も高まっています。この、ふと訪れた「招かれざる客」を前に、あらためてわが身と世界の在りようを心にとめ、新たに「未来に向かって振りかえる」意味も深い、といえましょう。

とくに、今日のような「大変動の時代」には、何よりも人間と文明の在りようを根底から見直すことが必要です。いわゆる、自己中心性をこえる全体論的な視座と深遠な洞察が不可欠です。じつは、本書の表題について、あえて「トインビー」の名を冠したゆえんでもあります。申すまでもなく、イギリスの著名な歴史家アーノルド・トインビーは、自ら「西洋中心史観」の迷妄をとき、またつねに虐《しいた》げられた「弱者の苦悩」に心を寄せています。その高邁な人と思想の追憶から、世に「二十世紀最大の歴史家」および「現代の良心」とも謳われています。

「文明の曙」と移動する人間

まず、今日の「新型コロナウイルスとの闘い」を明かす一歩として、広く歴史上の変遷と命運をかい間見ながら、新たに未来を生きる「希望の旅路」につくことになればと思います。

歴史上、人類（ヒト）が、他の動物たちと決別して「独自の展開」をみたのは、いまからおよそ七〇〇万年前とされます。その際、ヒトのもっとも大きな特徴となるのが「直立歩行」への移行です。いまや、両手の解放によって、自在に道具製作や運搬能力をそなえ、また「未知なる土地」への移動も可能となりました。

古来、人間の歴史は、遥かなる「移動」によって始まった、ともいえましょう。もとより、人間の本性には、一所をこえて行動する、いわゆる「動くものとしての人間」（ホモ・モビリタス）という特徴があります。元来、人間が生まれた環境は、かならずしも一様で安定しているわけではありません。むしろ、新たな「人間が居住できる土地」（エクメーネ）を求める旅立ちによって「進化」をみた、ともいえましょう。

その原初の移動を誘う第一条件は、何よりも生命《いのち》の源泉となる「水」を確保することです。申すまでもなく、水は人びとの渇きを癒し、また自然の田畑を潤す「命のシンボル」となります。有名なギリシアの哲学者ターレスは、いち早く「万物の根源は水である」と説いています。いわゆる、すべての「生命の原理」は、ひとしく「水から成りでて水にかえる」との託宣でもありましょう。

他面、今日では、国連の「水会議」（一九七七年）や「持続可能な開発目標」（SDGs、二〇一五年）に象徴されるように、世界の水不足が話題になっています。一部には、その配分等をめぐって「水戦争」といったことばも飛び交っています。じじつ、地球温暖化の症候や人為的な乱開発等は、水資源の枯渇や減少をまねき、世界の南北格差や貧困問題にも深刻な陰を落としています。果たして、永遠の「水問題」は、今後どうなるのでしょうか。いま、新たに「水と文明」の問題として、その前途が問われているといえましょう。

「水源への旅」と西アジア

ところで、人類文明史の黎明は、一連の険しい砂漠を中断する「巨大河川」に沿って起こっています。いわゆる、歴史上に名高い「四大文明」（エジプト、メソポタミア、インド、中国）の誕生です。その東方に聳《そび》えるエジプト文明の面影は、まさに「ナイル川の賜物」（ギリシアの歴史家ヘロドトス）として謳われています。やはり、古代文明の胎動は、一にかかって「河川」の恩恵に浴している、ともいえましょう。

ちなみに、トインビーの「文明表」（一九五四年）では、第一代の初代文明として、つぎの七文明を掲げています。いわゆる、中国（殷）、インダス、シュメール（ヒッタイト、バビロニア）、ミノア（シリア・ギリシア）、エジプト、マヤ（メキシコ、ユカタン）、アンデスの諸文明です。

余談ですが、これまで世界史の通念となる「四大文明」という呼称は、じつは日本の著名な考古学者・江上波夫氏の発案のようです（青柳正規『人類文明の黎明と暮れ方』講談社、二〇〇九年、参照）。そこには、ひそかに「西洋中心主義」に対抗するアジアへのメッセージがこめられている、かのようです。一種の、教科書的な概念や世界認識の定説を揺さぶる興味深いエピソードともいえましょう。

さらに、古代の諸文明では、たゆまぬ環境改変や技術革新によって、新たに人類史を画する「農耕文明」への扉を開くことになります。その一部は、豊かな穀物栽培に適した土地を求めて「肥沃《ひよく》な三日月地帯」へ移住し、高度な集落社会を形成します。この西アジアの「三日月地帯」こそ、最初の食糧生産の一舞台であった、といえましょう。

その初期農耕社会の代表格として、ヨルダン川流域の「エリコ」とトルコ中部アナトリア高原の「チャタル・ヒュユク」があります。とくに、エリコは「世界最初の都市」ともされ、西アジア有数の大型の建造物跡（ＢＣ七〇〇〇年頃）や城壁に囲まれた広域の集落遺跡等が見られます。また、『旧約聖書』（「ヨシュア記」）が記す「エリコの城壁攻略」の逸話でも有名です。

他方、「チャタル・ヒュユク」は、早くから小麦等の植物栽培が進み、新石器時代の密集した集落跡（BC六五〇〇年頃）も発見されています。また、文化遺物として、多数の「地母神像」が出土しています。現在、「アナトリア文明博物館」（トルコ・アンカラ）に収蔵されているものです。その、一見して奇怪な造形表現にも、素朴な農耕社会の豊作祈願を秘めており、心に魅せられるものがあります。

その後、これらの古代諸文明は、相互に移動と交流を重ねながら、新たに政治・経済的な体裁を整え、また固有の文化を育んだといえましょう。歴史上に名高い「シルクロード」は、古来東西の世界をむすぶ交易路として栄え、さらに「草原の道」から「海上の道」へと拡大しながら、東西文化の交流にも大きな貢献を果たしました。

もっとも、最近では、ふたたび中国主導の「一帯一路」構想（二〇一三年—）によって、「陸と海のシルクロード」の復活が取り沙汰されています。この、道筋にそう沿岸諸国の「喝采と警戒」を秘めた「新しい現実」にどう向き合うべきでしょうか。海洋国家・日本といえども、無縁な話ではありません。

「地球移動交響曲」の調べ

さらに、二十世紀の「交通革命」は、広く国境をこえる地球規模の世界環境を整え、現に「世界の一体化」への道を拓きました。今日、人間の移動は、グローバリゼーションの波に乗り、地球のほぼ全域にわたります。その分布は一陸地から海洋世界へと大きく輪をひろげています。さらに、いまや大気圏外の「宇宙空間」にも飛び立とうとしています。あらためて、人類史を振り返るとき、その基底に人間の「移動」と「拡大」という壮大なドラマを見ることができましょう。また、その文明の陰に、昨今の世界に広がる「グローバル危機」が跳梁《ちょうりょう》することにもなります。いわゆる、失調した現代文明の病める姿とも申せましょう。

じつは、文化人類学者の片倉もとこさんは、このように全世界に響きわたる「地球移動交響楽」の調べを主題にした名著『「移動文化」考――イスラームの世界をたずねて』(日本経済新聞社、一九九五年。岩波書店、一九九八年)を著しています。

いわゆる、人間存在の「移動」という思想とその光景を現地に見すえながら、新たな「地球文明」へのメッセージを託したものです。とくに、本来、砂漠に覆われて「人間の居住が困難な土地」（アネクメーネ）で躍動する「イスラーム文明」の苦闘と知的遺産の開示は、じつに目を見張るものがあります。二十一世紀の新たに価値観として、広くイスラームの「都市性」が奏でる「属地主義から属人主義」への移行論は、きっと未来を拓く鍵概念ともなりましょう。いわゆる、これまでのように、地面に張りつく「属地的な思考」から離陸し、移動する個人によって広がる「属人的な思考」への飛翔です。

片倉もとこ著
『「移動文化」考　イスラームの世界をたずねて』

今日、とくに地球化時代の道標として、ユネスコ（国連教育科学文化機関）は「多様なるものの共生」を謳っています。いわば、個別的な「閉じた価値観」から、全人類をむすぶ普遍的な「開かれた価値観」への転換は、もはや不可避な課題です。その意味で、イスラーム文明の国家をまたぐ広範な移動性と、異なる多様性をつつむ「一元化」（タウヒード）の思想が甦ることになります。いわば、二十一世紀の「文明変動論」として、まず「歪《ゆが》められたイスラーム像」を正し、人類共同の「地球文明」を目ざす枢要価値の提唱ともいえましょう。

いまは亡き知友・片倉もとこさんは、きっと遥かアラブの星空から、その「地球移動交響曲」の命運を、温かく見守っていることでしょう。なお、片倉もとこさんから寄せられた「遺稿」となるテーマは、雪のイスタンブールに耳を澄ます「感性と理性のあわい――トインビーのシルエットをおいながら」（『二一世紀とトインビー』一四・巻頭言、二〇一一年）です。いかにも、遥かに「水色の星」（全地球）を慈しむ崇高な夢と、イスラームの芳香がただよう名作です。

「移動の世紀」の彼方に

ところで、今日では「新型コロナウイルス」の大流行となり、世界を自由に移動することができなくなりました。各国は、競うように国境を閉ざし、国内の都市封鎖も強化されました。現に、国際間の「移動の自由」はもとより、わが身の危険がせまる難民の「移住の可能性」も奪われました。さらに、国際秩序は大きく暗転し、自国第一のナショナリズムの風潮や分断の溝も深まっています。

申すまでもなく、近年の人間による技術革新は目覚しいものがあります。しかし、その急速な交通網の発達と移動範囲の拡大は、同時にウイルスの世界的な猛威と拡散を招いたともいえましょう。いわば、他ならぬ人間が、自らウイルスの種をまいて広げたのです。もはや、現代を彩る「移動の世紀」も混迷し、予測不能となりました。

ここで、その事態の真相を歴史的に観察しましょう。とくに、近代の開幕となる「ダ・ガマ以後」は、近代科学技術の加速度的な発展と「運輸革命」等の推進によって、見事に「世界の一体化」を実現しました。しかし、その輝かしい凱歌は、あくまでも「産業革命」によるものであって「精神革命」ではありませんでした。いわば、西洋史家の鈴木成高氏が明言するように「最高のコミュニケーション」が「最大のディスコミュニケーション」をもたらした、ともいえます。

じつは、この物理的な「距離の絶滅」と精神的な「価値の喪失」という深い断層こそ、現代文明の危機とその本質を告げるものでしょう。いわゆる、トインビーが憂慮した「モラリティ・ギャップ」(道徳上の断絶)の問題です。ここに、あらためて人類文明史の「折り返し点」として、これまでの「移動する人間」の航跡を再考し、新たな「地球文明史像」の開示が重要な課題となりましょう。

二　「疫病と世界史」の物語

「疫病」と人間の歩み

つぎに、人類文明史を読みかえる「もう一つの課題」として、新たに「疫病と文明」の問題が浮上します。これまで、人類史の歩みは、広範囲に流行する「疫病」（感染症）との闘いであったともいえましょう。通常、生物（ヒト）に寄生して増殖するウイルスは、病気の原因となり、さらに生命を脅かす元凶とも見なされています。他方、歴史上にまつわる「戦争・天災・貧困」といった話題とも無縁ではありません。やはり、疫病が人間の歴史にあたえた傷跡は深いといえましょう。

その民衆のやるせない記憶は、やがて疫病を「神罰」と見なし、また各地に「疫神」を祀る風習を生むことになります。すでに平安時代には、特別な宮城の四隅や畿内の境界に疫神を祀ったりします。日本の神事祭儀として、今日にも継がれる「疫病退散」の遺制も多いといえましょう。

周知の、その有名な代表例をあげてみましょう。古くは、華厳宗の総本山として名高い奈良「東大寺」の「大仏開眼供養会」（七五二年）は、天平時代早々の災害や疫病（天然痘）の流行を背景にしています。その「不退の行法」は、有名な「二月堂」の「お水取り」（修二会）として、今日でも「千三百年の祈り」をこめて続いています。また、京都の盛大な祭礼で知られる「祇園祭」も、じつは平安時代に流行した悪疫（八六九年）に端を発し、その怨霊を鎮《しず》める「御霊信仰」に基づくものです。

ところで、そのウイルス群は、すべて「撲滅すべき悪」なのでしょうか。じつは、地球上には、膨大なウイルスがうごめいています。しかし、その中でも、病気の温床となるウイルスは、わずか全体の一パーセントにも満たないともされます。最近の研究報告では、むしろ病気を防ぎ、さらに人類の進化に貢献するというデータも見られます。たとえば、霊長類由来の古き遺伝子（レトロウイルス）は、哺乳動物の「生命の誕生」に立ち会い、胎児と母親をつなぐ「胎盤形成」に大きな役割を果たしている、との見解です。

他面、歴史上にみる「人類と疫病」との関係はどうでしょうか。まず、地球の誕生は、いまから四六億年前のことです。ウイルスは、その地球における高等生物の誕生とともに姿を現します。それは、約三〇億年前です。ちなみに、人類の登場は大幅に遅れて一〇万年前のことです。その後、人類進化のプロセスに付きそって温存されることになります。両者の関係は、いち早く「狩猟採集時代」に見られますが、まだ小集団の営みで外部に広がるほどではありません。むしろ、つぎの「農耕時代」に本格化することになります。その背景として、人口の増加や都市の成立等とともに、とくに家畜の飼育による感染が急増することになります。

さらに、現代の「グローバル化時代」はどうでしょうか。これまでの人口集中や都市化の様相は一段と高まります。とくに、交通網の高度な整備と発達によって、人やモノの移動は大幅に増大しました。その余波で、感染症の伝播や拡大も加速度的に進展し、やがて「世界的流行」の道をたどることになります。

総じて、文明は疫病と抱き合わせの関係にあり、また文明の伝播は同時に疫病を誘ったともいえましょう。いわば、かつての「シルクロード」はペストロードとなり、また「ローマへの道」はマラリアへの道と変貌しました。まさに、文明は「感染症のゆりかご」かの観もあります。

ところで、これまで私たちは、あたかもウイルスが人間社会を脅かす害悪として咎《とが》めてきました。いわば、自然をないがしろにした「ヒト中心の目線」を首座にすえたものでした。もっともその背景には、近代ヨーロッパを導いた準則、すなわちI・カントによる「人間対自然」という対立枠組みをはじめ、F・ベーコンが主唱する「自然の支配」や「人間の王国」論等の自然観があります。

他面、他ならぬウイルス研究自体が、じつは当初より「病原体」の究明から始まった、という特有な事情もありましょう。その亡霊は、いまなお漂っています。いわば、これまで、一方的に「自然を支配する」という極点で、今日の「人間の繁栄」を謳歌してきたともいえましょう。

じじつ、今回の新型コロナ対策でも、いかにウイルスを制圧するかという論調が幅を利かしています。一部では、不穏にも「戦争論」まで飛びだす始末となりました。現に、コロナ禍の拡大で案じられた「東京五輪」についても、主催者（IOC）の弁は「人類がコロナに打ち勝つ証」というものでした。まさに、敵国ウイルスに対する宣戦布告にも見えます。

本来、人類とウイルスとの関係は、病原体としてのウイルスと宿主であるヒトとの「相互関係」によって成りたつものです。むしろ、ウイルスは利他的な存在として、これまで人間の進化にとって不可欠な一部でもあったのです。その意味で、生物学者・福岡伸一氏が提起した「動的平衡《へいこう》」論とは、一脈通じるものがありましょう。

いわゆる、新たな「生命論」として、その本質を「内外の相互に相反するたえまない動き」として捉えるものです。その両者が交わる境界線上では、一見矛盾するような「合成と分解」といった動きが同時に進行します。その「現実の上」に、新たな全体像として「一定の平衡」（バランス）が生まれることになります。いかにも、学問的な創意と刺激に富み、さらに「ポストコロナ」の世界観を考える「道標」ともなりましょう。

じつは、アイルランドが誇るキリスト教の「福音書写本」として、異教ケルトの装飾を施した『ダロウの書』（六八〇年頃）があります。その一ページ（第三葉裏ページ）には、全体をくまなく埋めつくして旋回する渦巻文様があります。その果てしなく、また途切れることのない「変化」をつづけながら、一に全体としての生命をつないでいるのです。美術史家の鶴岡真弓さんは、この特異な渦巻文様こそ、他ならぬ生命の「動的平衡」そのものではないかと感嘆しています〈福岡伸一『動的平衡ダイアローグ――世界観のパラダイムシフト』木楽舎、二〇一四年、所収・参照〉。私も、アイルランド周遊の帰途に、その「渦巻文様」に対面しつつ、自尊的で一元的な世界に安住する現代人との違和感を、ふと覚えたことでした。

「文明の転換」と自然との和解

今後、未知なる新型コロナウイルスを迎えて、どう向きあうべきでしょうか。歴史の教訓に学べば、これまで新しい疫病の出現は、おもに時代の激動期や社会の改革期を背景としています。たとえば、中世末期のペストをはじめ、ルネサンスと梅毒、産業革命と結核、さらに近代化とコレラといった事例もあります。

他方、時代の大きな転換と危機的な状況は、つねづね「偉大な思想」を生み出す苗床《なえどこ》ともなりました。ちなみに、晩年のトインビーが最後に託したテーマは、一つの生命体として人類の生存理由を問う「宇宙における人間の位置」でした。なんとも、太古以来の壮大な問いかけでもあります。しかし、いま混迷の時代を問う自己省察として、身近に人間と自然をむすぶ「生命交響楽」の調べに耳を澄ます意義は大きいといえましょう。

いわゆる、悠久な「天地の間」にさまよう人間の在りようとして、あらためて人間の立ち位置を考えることです。たとえば、人間の所与性として与えられた「自然本性」にも心を配ることです。また、自己の秘める「内なる自然」とも対面することです。その自然と協調する世界観の誕生は、やがてすべての存在を慈しむ「生命の輪」として広がり、新たな「地球文明」を讃える前奏曲ともなりましょう。

今日、身近に直面する「文明の転換」問題とは、同時に自己存在の根源を問う「価値の転換」問題でもあるのです。いわば、自然との和解と共生の扉を開き、さらに人間と生命の尊厳を育む「新しい価値観」の創造が不可欠です。他ならぬ晩年のトインビーが、自らに課した自己超克の精神は、きっと新型コロナウイルスと「共生の道」を歩む精神的な礎《いしずえ》ともなりましょう。たとえ、その道行きが「心地よいとはいえない妥協の産物」としても、新たに時代の苦悩を通して輝く「希望の叡智」に心を留めたいものです。

なお、これらの広範な「人類と疫病」の関係について、広く文明論的な見地をそえた著作として、山本太郎氏のつぎの二冊があります。すなわち、『疫病と人類——新しい感染症の時代をどう生きるか』（朝日新書、二〇二〇年）および『感染症と文明——共生への道』（岩波新書、二〇一一年）です。両著とも感染症の専門家として、同時にアフリカをはじめ世界各地の感染症対策にも従事しながら、その歴史的な実像とポストコロナ時代の羅針儀を描いた好著です。

とくに、前著（『疫病と人類』）の巻末には、山本氏が啓発された基本文献の紹介（「書誌解題」）が収められています。じつは、その冒頭を飾る書籍として、ウイリアム・H・マクニールの『疫病と世界史』（一九七六年。佐々木昭夫訳、中公文庫、上下、二〇〇七年）があります。山本氏自身も、自ら述べるように「この本を読んで、感染病に関わる学問の道を志した」一人でもあったのです。

マクニールの世界史と疫病問題

マクニール（一九一七―二〇一六年）は、現代アメリカにおいて「もっとも尊敬されている歴史学者」の一人とされます。カナダのヴァンクーヴァの生まれで、長年シカゴ大学で教授を務めた歴史学の重鎮です。ところで、マクニールが、かつてコーネル大学に提出した学位論文の表題は「アイルランドの近代化におよぼしたジャガイモの役割」（一九四七年）でした。一見、いかにも一地域に限定された特殊なテーマのようにも映ります。

じつは、アイルランドでは一八四五年から四九年にかけて、ジャガイモの「大凶作」に見舞われます。いわゆる、史上に名高い「大飢饉」の襲来です。当時、まだ多くの人びとの常食はジャガイモであり、明日の途方にもくれる死活問題となります。一説では、この大飢饉による死者数は一〇〇万人ともされます。また、アメリカに難を逃れた移民の総計は二五〇万人にのぼります。
この歴史的な大惨事となる「ジャガイモ飢饉」は、どんな原因によるのでしょうか。一般には、とくに植物に寄生する「フハイカビ」の一種による疫病とされています。その症状は、一気に蔓延し、数日間で畑全面が枯れあがる惨状を呈します。やがて、その波紋はスコットランドから全ヨーロッパにおよびます。また、その後の「反イングランド独立闘争」という暗い影を落とすことにもなりました。

マクニールは、このアイルランド史におけるジャガイモ問題について、たんに一地域史の専門研究にとどまらず、その背後に共通する世界史的な問題の解明につとめています。いわゆる、歴史の全体像を見つめる「普遍的な精神」こそ、マクニール歴史学の真骨頂ともいえましょう。その有名な代表作として、名著の誉れ高い『世界史』（一九六七年。増田義郎・佐々木昭夫・柴田稔彦訳、新潮社、一九七一年。増補改訂版―中公文庫、二〇〇八年）があります。

これまで、歴史を分かつような大きな危機に際して、たびたび「世界史」の問題が浮上してきました。しかし、「近代歴史学の祖」とされるL・V・ランケの『世界史』（一八八一―一八八八年）についても、やはり「ヨーロッパ的世界史」というそしりを免れません。

ところで、マクニールは、この伝統的な「西欧中心史観」を脱却して、新しい「世界史の構想」

に挑みます。いわゆる、歴史学上の「時代区分論」の修正ともいえましょう。ちなみに、これまでの伝統的な「時代区分論」は、十七世紀末のC・ケラリウスによって初めて用いられたものです。すでに、一般になじみの深い「古代・中世・近代」という区分法です。もっとも、その発案は、真の歴史とは無関係に便宜的に捏造《ねつぞう》されたにすぎません。

マクニールは、むしろ新しい「世界史区分論」として、全世界を四つの大きな時期（パート）に区分し、諸文明の歩みと相互関係を公平に捉えています。とくに、世界史上の「文明変動」に注目し、一連のヘレニズム化、インド化、中国化、イスラーム化といった動向を巨視的に解明しています。さらに、今日の「西洋化」問題として、その「興隆と変貌」の背景を鮮やかに描いています。それは同時に、人類の命運を託した新しい「地球文明」の歴史的な境位と道標を示すものでしょう。

まさに同書は、広大な世界史の教訓を明日に生かし、いかにも知的刺激と創意にとむ「名著」といえましょう。マクニール自身の言葉を借りれば、これまで未踏の「世界史」を扱うだけに「大きな誤解」をうけながらも、またいつの日か「新しい生命が注ぎ込まれる」幸運をと、記しています。

人類史を照らす「晴雨計」として

さらにマクニールは、今日におよぶ「疫病問題」について、いち早く独自の著作を著《あらわ》しています。その書名は、まさしく『疫病と世界史』（一九七六年。佐々木昭夫訳、中公文庫、二〇〇七年）です。いわゆる、これまで歴史の闇に葬られた「疫病」に光をあてながら、その文明興亡史との関連を広く世界史的に描いた労作です。

じじつ、これまで「疫病の流行」は、人類の歴史を動かす大きな要因の一つでした。その一例として、たとえばヨーロッパを「死の恐怖」にさらした「ペスト」があります。最初の大流行は、六世紀にコンスタンティノポリスから全ヨーロッパに広がりました。その後、とくに十四世紀中葉（一三四七年）には、ペストの大流行（パンデミック）に見舞われます。

当時のヨーロッパ社会は、不運にも天候不順や不作、さらに封建制の危機や戦乱等が重なり、人びとの心と生活に大きな衝撃をあたえました。その折の死者数は、およそ三〇〇〇万人ともいわれます。そのおぞましい「大量死」の光景は、世に「メメント・モリ」（死を想え）という有名な標語を生み、また「ダンスマカブル」（死の舞踏）という奇怪な図像芸術を誘いました。総じ

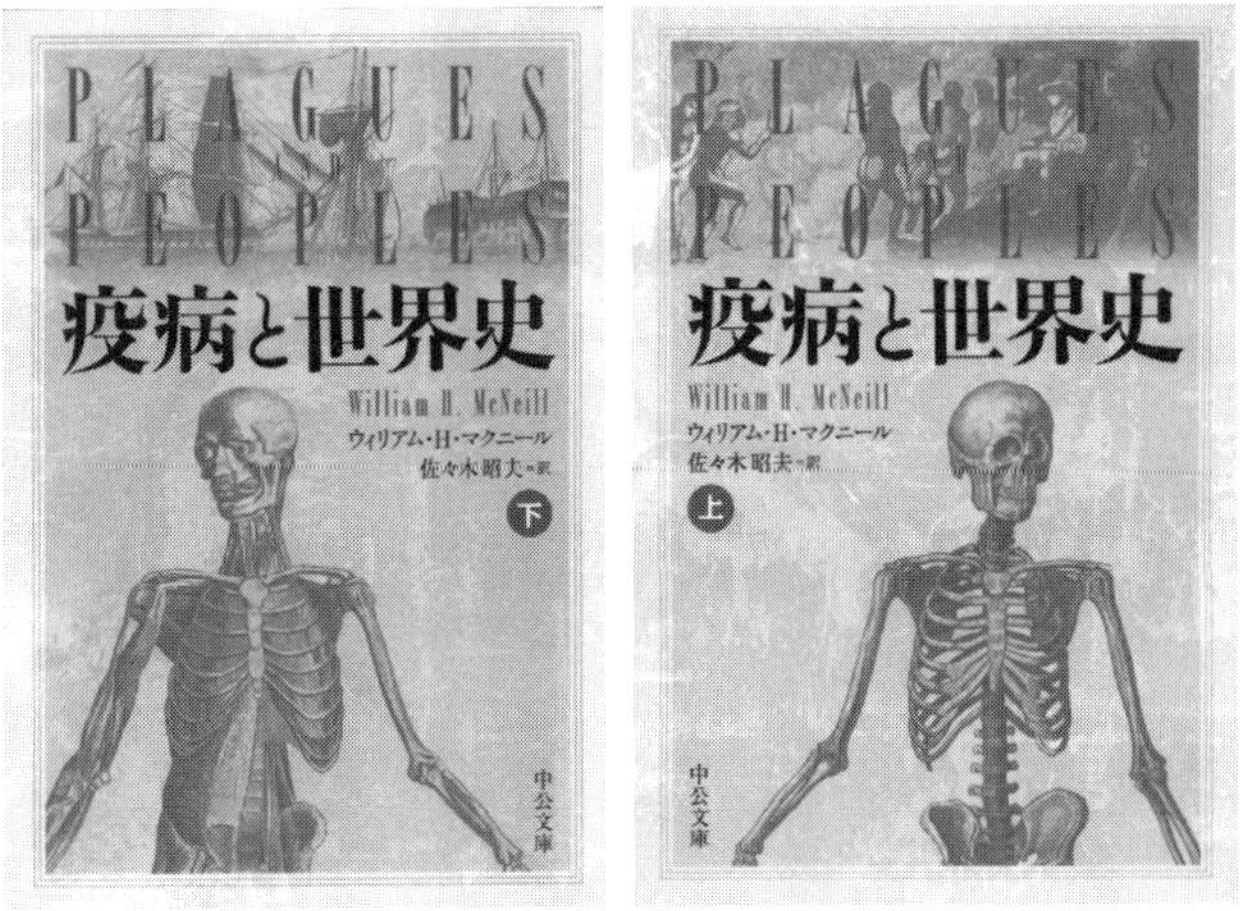

W・H・マクニール著（佐々木昭夫訳）『疫病と世界史』（上下巻）

て、この最大級のペスト襲来は、西欧文明の歩みと転換に大きな刻印を残した、といえましょう。

　ところで、マクニールの見解はどのようなものでしょうか。まず、人類史の基本的な潮流とその観察についてです。つぎに、人類と疫病の出会いと関係についてです。マクニールによれば、元来人間の「境遇」は、相対立する二つの「寄生形態」のはざまにある、ともいえます。第一は、目に見えない感染症を範例とする、いわば微生物による「ミクロ寄生」です。第二は、通常にみる軍事的侵略や経済的収奪等を範例とする、いわば人間による「マクロ寄生」です。歴史上、人類はつねにこの両者の危険にみちた「攻防史」の渦中にあるともいえましょう。

ここで、その事態を文明史上に照らして検分しましょう。一般に疫病の拡大は、歴史上の「大文明」が辺境の「周辺文明」を併合して支配するときに、一種の随伴現象として認められます。ところで、これまで多くの歴史観察では、往々にこの前者（微生物によるミクロ寄生）の観点を見逃してきました。いわば、今日の「感染症問題」（新型コロナウイルスの流行）についても、この両者相まった全体的な視点と総合的な解明が不可欠である、といえましょう。

つぎに、感染症問題の現状と「近未来」への展望についてです。いわゆる、人類と疫病間にみるバランス上の急激な変化と課題についてです。マクニールによれば、たとえ人間の創意によって医療が進歩しても、疫病の侵入に対しては「人間はいかにも脆弱な存在である」という事実を指摘しています。

とくに現代社会では、文明の逆説ともいうべき「地球的問題群」を抱えています。いわゆる核戦争の危機や気候変動をはじめ人口問題や飢餓問題といった「負の遺産」が目白押しです。他方、交通機関の高度な発達等によって、人間の移動と集合もきわめて容易になりました。いわば、他ならぬ人間の業としての「マクロ寄生」の危険性と拡大の兆候です。

果たして、人類は感染症に打ち勝つことができるのでしょうか。マクニールの結語は、感染症はこれまでの長い歩みと同様に「人類の歴史の基本的なバロメーターであり、また決定的な要因としてあり続けるであろう」と結んでいます。本書は、いわば人類と疫病との「終わりなき攻防史」をつむぐ、いとも雄渾《ゆうこん》なる叙事詩とも申せましょう。

このようにマクニールの結論は、決して人の心が和らぐような明るいものではありません。また、一般向きの「制圧論」にかたむく論調とも相容れないものでしょう。それにもかかわらず、本書はアメリカで引き続き版を重ね、また日本でも大量に出回る文庫本に装《よそお》いをかえて刊行されています。その読者の心をつなぐ真意を、どうみればよいのでしょうか。

マクニールは、あくまでも卓抜な歴史家として、壮大な人類史を世界史的に検証しています。さらに、その真相をきわめる透徹した史眼から、未来を生きる人類の運命を問いかけています。その意味で、むしろ必然的な帰結として、人間と疫病の「共生の道」を開示することになります。とくに本書では、感染症に対する広範な歴史的追跡と独自の創見を見ることができます。また、新たに「世界史」に向かう特別な意欲と繊細な「人間的な想像力」にもあふれています。きっと、これからの人生の歩みと運命を考えるうえで、読者の心を捉えて離さない魅力があるといえましょう。本書は、何よりも従来の歴史家が顧みなかった「疫病」問題を主題とし、その実相と世界史的な課題を描いた「異色の大作」と申せましょう。

三　トインビーとマクニールの対話

「新しい世界史」像を求めて

このように、マクニールは、歴史学の実証的な立場から、「新しい世界史」への構想と実践的な課題に挑んだ碩学《せきがく》の一人です。その代表的な著作として、これまでにみた『世界史』（一九六七年）と『疫病と世界史』（一九七六年）があるといえましょう。

じつは、その『世界史』の親本となったのが、かつて「全米出版賞」を受賞して注目された『西欧の興隆』（シカゴ大学出版局、一九六三年）です。とくに、「表題」の印象とは異なり、世界の諸文明とその相互関係を鳥瞰《ちょうかん》した、文字通りの「世界史」といえます。しかも、マクニール自身が語るように、自分の「最高のコンディション」を期して執筆されたものです。

ちなみに、原題『西欧の興隆』のサブタイトルは、ひそかに「人類社会の歴史」と付されています。いわゆる、人類文明史の歩みについて、おもに「四つの時代区分（パート）」から、諸文明の盛衰《せいすい》と変動の全体像を描いています。その世界史的な広大な視野と歴史の深層を読み解く深い洞察は、さすがに「新しい世界史」の知的香気を放っています。

あえて、その「表題」の真意をたずねましょう。それは、これまで名だたる古代東方文明の一辺境にすぎなかった西欧文明が、なぜ紀元一五〇〇年を境にして異常な発展をとげ、新たに「世界制覇」を成しとげたかという点にあります。また、その西欧の興隆と拡大の帰結として、今日に広がる「グローバリゼーション」の光と影の難題が生じたともいえましょう。

本書は、まさに「世界史の比較文明学」として、その基本文献の一つに目されるものです。その長大な原書（原文一八三〇ページ）の「序文」には、マクニールの謝辞として、大きな影響をあたえた研究協力者の氏名が登場します。その中には、A・トインビーの名前も記されています。その他、とくにR・レッドフィールド（文化人類学）やM・エリアーデ（比較宗教学）等の名前もみえます。いずれも、自己の主題に「歴史・文明」の次元を導入し、さらに壮大な世界観や宇宙観との連関を求めた知の秀峰です。また、同書の「カバー」（裏表紙）には、トインビーの「もっとも明快かつ完全を期した世界史」という賛辞が見えます。

さらに、このマクニールと並んで「新しい世界史」への道を切り拓いた歴史家として、イギリス歴史学協会の会長を務めたG・バラクロウがいます。その大作として、長大な『世界歴史地図』（一九七八年、日本語版編集――成瀬治・山口修・三浦一郎、朝日新聞社、一九七九年）があります。同書は、人類文明史上の主要な変化について、新趣向の多彩な図版や地図をそえながら、おもに「七つの時代区分（セクション）」から全容を解明しています。とくに、現代文明の時代表象を「地球文明」（第七期）と命名し、明日にわたる全人類共同の課題を提示しています。その新しい課題とは、これまで積み重ねた人間事象の業績を総体として見直し、全人類および自然との共生を育む「普遍価値」の創造を問いかけるものです。

　このように、米・英の歴史学界の双璧をなすマクニールとバラクロウは、近代歴史学上の「西欧中心主義」を自ら脱却し、広く人類文明史上の変動を投影する「新しい視点」を提供しています。その基本構想と画期的な業績は、広く人類史の命運を託した「地球文明」の歴史的な位相と方位を明示したことです。

　もとより、一人の著作家が壮大な世界史を書きとめるのは、至難の業でもありましょう。現に両者が告白するように、ときには歴史家の「大きな誤解」を招き、また専門家の「袋だたき」にあうかもしれません。その悲運は、往々にして先駆者が背負う宿命なのでしょうか。

　ところで、真の世界史的な立場に立つ「歴史の甦り」は、むしろ歴史学の彼方に新しい「比較文学」の誕生をうながす契機ともなりました。じじつ、いち早くマクニールやバラクロウと共通の認識に立ち、むしろ両者の史観に影響をあたえながら、独自に比較文明学の道を拓いたのがトインビーです。ちなみに、マクニールの『世界史』の着眼も、トインビーの学風に導かれたところが多いといえましょう。また、バラクロウも『世界歴史地図』の序文（はじめに）の中で、トインビーとの幸福な出会いと親密な討議を回想しながら、「その忠告と批判だけでなく、励ましまで得たことを感謝したい」と最深の敬意を表しています。

新たな学的志向として、壮大な「地球文明論」に挑む比較文明学の形成は、まさにトインビーの先導性と知的遺産に負うものといえましょう。

トインビーとマクニールの交流風景

さいごに、今日の「コロナ危機」を予見したかのマクニールと、先学トインビーとの個人的な親交について一瞥しましょう。マクニールは、かつてロンドンにある「王立国際問題研究所」（通称「チャタム・ハウス」）の客員として、二年間（一九五〇―五二年）在籍しています。このチャタム・ハウスは、イギリスの高い権威が付される研究機関で、おもにトインビーの指導下にありました。トインビーは、優秀な「若き同僚」としてマクニールを迎え、その業績を高く評価しています。マクニールも述懐するように、トインビーの根本史観にふれた影響は大きいといえましょう。

さらに、トインビーの没後（一九七五年）には、トインビーの令息ローレンス・トインビー（画家）の依頼をうけて、トインビーの「伝記」を執筆することになります。もとより、「伝記」とは「個人の生涯にわたる事績を中心とする記録」のことです。じつは、生前のトインビーも、晩年『交遊録』（一九六七年）と題する伝記を出版しています。その際、トインビーの相手に対する敬意と細心の配慮等も伝わり、心温まる本です。

ちなみに、同書に登場する印象深い人物として、世に「アラビアのローレンス」との異名をとるＴ・Ｅ・ローレンスや、インドのジャワハルラル・ネルー首相等の顔もみえます。また、運命のいたずらとも思しきＡ・ヒトラーとの会見もあります、それは、トインビーが「ヒトラーを批判したためにヒトラーに会う」という奇遇でもありました。いずれにしても、「伝記」を引き受けることは、人知れずの難作業といえましょう。まして、相手がトインビーのような大家の場合は、想像を絶するものがあります。

マクニールは、卓抜な歴史家として周到な準備を整え、広範にわたる調査と膨大な資料を駆使しながら、ついに『アーノルド・J・トインビー——その生涯』(オックスフォード大学出版局、一九八九年)を完成します、その出版は、まさに「トインビー生誕一〇〇年」を記念する追悼論集の白眉として、高い評価を得るものです。

その内容は、全一一章にわたり、本文が三四六ページにおよぶ大著です。すなわち、トインビーへの「大いなる期待」(第一章)を寄せながら、以下オックスフォード大学の「ベイリオル‐コレッジ時代」(一九〇七—一九一一年)から、さいごの「充実した一〇年間」(一九六六—一九七五年)までの主要事績が描かれます。

W・H・マクニール著
『アーノルド・J・トインビー——その生涯』

とくに、トインビーの生涯を象徴的に「真の世界人」(一九五六—六五年)と謳っており、あらためて感慨深きものがあります。本書は、おそらくトインビーの本格的な伝記として嚆《こう》矢《し》をなし、その意義はきわめて大きいといえましょう。

さらに、同じく「トインビー生誕

各国で出版された「トインビー生誕100年」記念論集
（イギリス、アメリカ、カナダ、日本）

一〇〇年」を記念して発刊された国際論集として『人間と文明のゆくえ』（秀村欣二監修、吉澤五郎・川窪啓資編、日本評論社、一九八九年）があります。本書の冒頭をしめる「海外寄稿」には、マクニールの「アメリカにおけるトインビー評価」という貴重な論考が寄せられています。周知のように、トインビーの主著『歴史の研究』は、まず「偉大な著述」としてアメリカで公認され、その名声が世界に広がることになります。トインビーは、まさにアメリカで最初の門出を飾ることになります。

　本稿では、そのアメリカにおけるトインビーの全足跡と動向について、細大洩らさず克明に記されています。いわゆる、トインビーと各界要人との出会い、アメリカ外交施策の批判と反響、さらにトインビーをめぐるアメリカ人の離散と回帰等の風景がドラマティックに映し出されています。とくに、近年にみる「トインビー再評価」の機運と意義の解明は、明日への希望をつなぐ知的景観として、大きな指針と励ましを得ることになりましょう。

これらの書で開示されたトインビーの「生きた証言」は、折しも「新型コロナ禍」の暗雲が漂うなかで、きっと世界の未来を照らす「希望の光」ともなりましょう。永らくトインビーの薫陶をえたマクニールの名著『疫病と世界史』が発刊されたのは、惜しくもトインビーが世を去って一年後のことでした。

今日、あらためて「トインビーとマクニールの対話」に心を澄まし、新たに時代を導く「生への選択」として、その慧眼に耳を傾ける意味は深いと考えます。

第一部

トインビーの文明史観

一　アーノルド・トインビーの肖像——「真の世界人」として

歴史家トインビー——「新しい世界史」への道

トインビーは、世に「二十世紀最大の歴史家」とも称されている。もとより、トインビーが「最初の愛」を捧げた学問は、伝統的な「古典古代」（ギリシア・ローマ）である。彼は、オックスフォード大学で古典教育の厳しい修練を積み、その俊英として将来を嘱望《しょくぼう》された学徒の一人であった。ちなみに、ギリシア古典文学の巨匠として名高いギルバート・マレイは、彼の恩師であり岳父にあたる。

しかし、トインビーの知的探究は、これまでの専門的な慣習をこえて、文字通りの「全ギリシア史」を鳥瞰《ちょうかん》するものであった。ちなみに、旧来の時代区分法では、まず「ギリシア」と「ローマ」を明確に区分する。さらに、そのギリシアは、古典期以前とヘレニズム時代に、またローマは共和制期と帝政期に細分化される。時に両者は、別の研究領域ともなりかねない。トインビーは、少なくともこのような「三部法」をこえる全体的な観点と、現代的な関心に立っているといえよう。その意味で、古典古代から近・現代史におよぶ、それこそ四〇〇〇年にわたる全ギリシアを熟知した「稀有《けう》な歴史学者」であったといえよう。トインビー論に関して、この「ギリシア」という原点を見失ってはならない。

さらに、その自己革新ともいえる知的挑戦は、かつて「永遠の規範」とも賛美された観照的なギリシア観とも決別する。やがて、第一次世界大戦の体験は、激動する現代史への開眼となり、新たに広大な「世界史」への道を拓く礎石ともなった。ちなみに、日本の「西洋古代史」を代表する秀村欣二氏は、トインビー文献の翻訳を手がけながら、「ギリシア・ローマ史に対する広い視野と新しい観点をえたことは、まことに幸せであった」と述懐している。

他面、トインビーの記念碑的な大著『歴史の研究』（全一二巻、オックスフォード大学出版局、一九三四—六一年）は、世に「二十世紀の名著」とも謳われる。つねづね、本を著《あらわ》すということは、なにか著者の心を駆りたてる激しい情熱や強い目的を秘めるものであろう。その意味で、トインビーが、第一次世界大戦のさなかに体得した「トゥキュディデス体験」（一九一四年）は、重要な鍵となる。この思いがけない体験は、眼前に広がる高度な「文明の破局」と危機の本質において、遥か古代の「ギリシア・ローマ文明」と現代の「西欧文明」も同時代にある、という深い歴史的な洞察を誘う。いわゆる、これまでの年代学的な手法をこえる、諸文明の「哲学的同時性」という法則の発見である。ここに、トインビーの新たな「世界史学」への開眼がみられる。

このように、トインビーがのぞむ『歴史の研究』の構想には、これまで過去に逃避しがちなアカデミズムとの別離がある。いわば、新たな歴史的危機との「主体的な対決」がひそんでいる、といえよう。そこに、かつて歴史学の巨匠E・トレルチが予言した「新しい世界史学」の萌芽《ほうが》を見ることもできよう。他ならぬ、今日に受け継がれる壮大な「比較文明学」への道が築かれることになる。

ちなみに、晴れの「第一回国際比較文明学会」（オーストリア・ザルツブルク、一九六一年）では、とくにトインビーもその先達として招請され、新たな理論的指導者としての大役を果たしている。きっと、真なる世界史への希求は、たんなる博識をこえる偉大な精神から生まれるものであろう。折にふれ、トインビーを評して、大方の歴史家以上の価値を付した「偉大なる思想家」と顕彰されるゆえんである。

総じて、トインビーの歴史観は、伝統的な近代史学に巣くう過度な「西欧中心史観」と「史料中心主義」の反省に立っている。そこに、新たに世界史的な立場にたつ「全体としての歴史」

考察と、現実の「意味連関性」を問う独自の「文明批評」が成立する。いわゆる、悠久の過去と無限の未来とが、現代を結節点として総合される。その新しい知の創造として、今日の「比較文明学」の誕生を促すことになる。トインビーが、その現代史学上に果たした知的挑戦と役割は大きいといえよう。

国際政治学者トインビー――「ナショナリズム」をこえて

じつは、よくトインビーには「二つの顔」がある、といわれる。いわゆる「歴史家トインビー」と、もう一つの「国際政治学者トインビー」である。あるいは、同時に雁行《がんこう》する「二つの主著」があるともいえよう。その一つは先の『歴史の研究』であり、他の一つは『国際問題大観』（オックスフォード大学出版局、一九二五―五六年）である。

とくに後者は、イギリスの高い権威が付される「王立国際問題研究所」（チャタム・ハウス）の年報である。おもに、激動する現代の国際情勢を総合的に分析し、学術的に研究することを目的としている。なお、一言加えれば、戦後日本の外交政策に大きく寄与した「日本国際問題研究所」（一九五九年設立）は、この「チャタム・ハウス」を模範にしている。その初代所長を務めた国際政治学者の神川彦松氏は、いち早く比較文明学の大家としてトインビーに注目し、その「偉大な構想」に賛辞を贈っている。

もとより、トインビーと国際政治とのかかわりは深いものがある。彼は、オックスフォード大学を卒業後、一時母校（ベイリオル・カレッジ）のチューターとして古典古代史の指導にあたっている。しかし、その後イギリス外務省に移籍し、のちには、同省の調査部長を歴任している。その間、若くしてイギリス代表団の一員として、第一次世界大戦後の「パリ講和会議」（一九一九年）、さらに第二次世界大戦後の「パリ講和会議」（一九四六年）にも出席している。このように、トインビーは、現実の生きた国際政治の舞台で貴重な経験をつんでいる。しかも、その歴史的な洞察と提言は、つねに大きな感動と高い評価を得るものであった。

他方、一九二五年にはロンドン大学の国際史研究教授をかねながら、チャタム・ハウスの研究部長に就任している。それ以来、名高い「年報」の総責任者として、自ら巻頭を飾る「序文」や長大な「総論」を執筆している。その中でも、とくに第一次世界大戦の結末を明かした「平和会議後の世界」（一九二五年）や、第二次世界大戦の原因を究めた「大戦前夜」（一九五八年）等の報告書は、いまや古典的名著として不動の位置をしめている。

ところで、トインビーの国際政治観とは、どのようなものだろうか。まず、基本的な特徴として、つぎの三点をあげることができよう。第一は、世界史の全体的で包括的な研究を背景としている点である。第二は、国際政治に対する思想的および精神的な究明である。第三は、とくに歴史上の虐げられた人びとへの共感とその未来的展望である。

いずれも、トインビー史学の「歴史的な関心」と国際政治学の「現在的な課題」をむすび、その巨視的な地平から問題の本質的な意味と展望を示している。もはや、現代歴史学の歪《いびつ》な「史料主義」と袂《たもと》を分かち、また国際政治学が唱える「勢力均衡論」とも趣を異にしたものである。その独自の視点と探究は、やがて高次の歴史的知見と哲理に昇華され、未来への深い洞察と道標をそえることになる。今日、トインビーが、著名な国際政治学論集の冒頭に「国際思想の巨匠」として紹介され、また新たな「国際関係論」の草分けと称されるゆえんであろう。

とくに、晩年におけるトインビーの関心は、人類共同の平和を構築する「世界国家」（世界政府）の創設にあった。今日、とくに地球規模の問題群として、核拡散をはじめ、環境問題や人口問題、さらには貧困・飢餓問題等が大きく浮上している。このようなグローバルな課題の解決には、ぜひとも世界大の政府の創設が不可避であろう。問題の本質は、なによりも近代国家の「主権」論理を染めた「ナショナリズム」の克服にある。じつは、トインビー史学の出発点も、その「生身の神」としての独善性と排他性の超克にあった。新たな「世界国家」の可能性は、まず歴史上の「分化と統合」という大きな主潮を追跡し、さらに広範な他者共存の事例検証から解明される。

中でも、その「世界国家」の上部構造を担う新しい市民層として、これまでの国家群をこえる「ディアスポラ」（離散民）に注目している。いわゆる、近代の社会構造を支える「垂直的」な構造から、人類共生への横断的な連帯を育む「水平的」な構造への転換である。今日の事例でいえば、国家や国境をこえて活動する職能的な「ＮＧＯ」（非政府組織）ともなろう。このような着眼は、いかにもトインビーらしい歴史的な慧眼《けいがん》である。現在、文字通り全世界に拡散する「地球的問題群」の脅威のもとにある。トインビーがいち早く提示した「世界国家」の構想は、まだ青写真とはいえ、きっと未来社会を先導する豊かな源泉となろう。

総じて、トインビーの国際政治観は、従来の「現実主義」（リアリズム）対「理想主義」（リベラリズム）という断層をこえて、新たな総合的視点と高い精神的規範を提示している。さらに、二十一世紀の実践課題として、偏狭なナショナリズムをこえる「世界政府」の歴史的な構想と独創的な青写真を示している。トインビーが、国際政治学上の論争と課題を高次に導いた功績は大きいといえよう。

求道者トインビー――「歴史家の霊感」と苦悩

折にふれ、トインビーの「宗教観」が話題になることも多い。その知的肖像として、やや宗教的な色彩に染む「形而上史家」（メタヒストリアン）と称されることもある。また、アメリカの著名な政治学者K・W・トンプソンは、トインビーの知的履歴を三期に分けて紹介している。すなわち、第一期の「ナショナリズムの時代」、第二期の「文明の時代」、第三期の「宗教の時代」である。かねがね、創意を秘めた知的開拓者の営みは、いくどかの象徴的な転機を見ることができよう。トインビーの場合も、その例外ではない。そこで、トインビーに冠せられる「宗教の時代」とは、一体どのように捉えるべきだろうか。

ひとまず、主著の『歴史の研究』に照らして観察しよう。たしかに、その第一巻から六巻（一九三四―三九年）までは、大まかに見て「文明中心」の考察である。その後の第七巻以降（一九五四―）は「宗教中心」の探究であった、ともいえよう。一部には、その主題の逆転を指して「新しい著作」と評されたこともある。しかし、その背景には、まさに第二次世界大戦の深刻な危機を体験し、新たに人類文明史の命運と人間実存の根本的な意味を問うトインビーの苦悩の姿がある。なお、このような歴史事象の宗教的な意味解釈と価値判断は、その後の「トインビー批判」を誘う一拠点ともなった。

じじつ、トインビーの著作には、宗教を直接ないし間接の主題とする多くの作品がある。その代表例として、たとえば名著の誉《ほま》れ高い『一歴史家の宗教観』（一九五六年）をあげることができよう。この本は、トインビーが、由緒あるエディンバラ大学（スコットランド）の「ギフォード・レクチュアズ」に招かれて行った講演集である。ちなみに、この記念講演会は、世に「宗教学のノーベル賞」とも目されている。

その折、トインビーは「一歴史家」としての宗教観を虚心《きょしん》に語りながら、これまで歴史上に達成した宗教的な遺産の全貌と、その本質にもとる「負の遺産」を問いかけている。トインビーが、あえて自己批判をもってのぞんだ「宗教的寛容」の問題は、今日の深い「精神的な断絶」に橋を架ける重要な鍵ともなろう。

この他にも、トインビーの論集には、しばしば伝統的な宗教観になじまない独特の概念や用語が登場したりする。たとえば、宗教的なニュアンスにとむ「歴史家の霊感」をはじめ、「試練」や「出会い」あるいは「挑戦と応戦」といった具合である。もっとも、諸文明の法則的な運命をつむぐ「循環説」の見地は、むしろ仏教の「輪廻思想」にも一脈通じるものがあろう。

ところで、トインビーの宗教観は、つねに歴史上の「文明」との相互関係から考察される。いわゆる、文明の自己完結性という妄信をこえる「文明変動論」の立場である。その広い視座から、世界的な「高度宗教」の成立や歴史的な機能といった重要問題を解くことになる。たとえば、キリスト教や仏教の誕生および展開についても、その歴史的な背景となる「文明の出会い」が前提となる。また、その高次の役割は「文明の超克」という視点から検討される。その場合でも、トインビーの意図は、あくまでも文明から宗教への「重心の移動」を示すものである。まして、神学上の「護教論」に加担するものではない。

トインビーの知的探究には、じつは「二つの側面」がある。いわゆる、経験科学として歴史研究にいそしむ「学者」としての姿と、もう一つの超越的な実在に真摯に向きあう「求道者」としての姿である。いわゆる、「学問と信仰」のはざまで揺らぐ知的苦悩と高次の緊張感がある。その深遠な精神的な葛藤と苦境こそ、独自の歴史的な慧眼と深遠な洞察を育む源泉である、ともいえよう。トインビーの「自己の真実」を告げる心情は、文字通りの「遺稿」となった「暗中模索」(『一歴史家の宗教観』第二版・所収、一九七六年)の手記に読みとることができよう。

さらにトインビーは、現代宗教の課題として、真理の独占権を排する「開かれた救済」を説いている。ちなみに、これまで人間の自由意志によって観察された「神」の啓示は、わずかに究極的な実在の一断面を投影するに過ぎない。かつて、異教を奉じて追放されたローマの総領シンマクスは、世を去るにおよんで「かくも偉大なる神秘の核心は、ただ一つの道をたどることによっては到達しえない」との教訓を後世にのこしている。今日、現代神学の課題としても、自己中心的な「宗教排他論」から他宗教との対話を目指す「宗教包括論」への転換が求められている。二十一世紀の「地球文明」にかなう諸宗教の命運は、いち早くトインビーが指摘し、それこそ愛と慈悲の心を求めた「シンマクスへの応答」にあるともいえよう。

総じて、トインビーの宗教観は、一歴史家として「形而上学」と「経験主義」のはざまに苛まれながらも、新しい「宗教多元主義」の道を唱導している。その真意は、物事の根源性を深く見すえながら、これまでの「自他対立」の位相をこえることである。いわば、相互の対等性を前提としながら、新たに「宗教間の対話」の道を拓くことである。トインビーが、現代神学上の新しい使命と可能性を提示した意味は深い。

「トインビー批判」の再考——「重大な序論」として

トインビーの「新しい世界史」（文明史学）は、一面「過去に対する新しい見方」として、とくに伝統的な近代歴史学との断絶を見ることになる。それだけに、欧米の歴史学界や専門史家の間でも「賛否両論」が渦巻くことになった。当時、一流の史学雑誌である『イギリス史学評論』や『アメリカ史学評論』および『近代史学評論』等は、長年にわたりトインビーを黙殺している。もっとも、その評価上の対立は、むしろ学問的な問題性の大きさを告げるものであろう。いわゆる、トインビーの新しい試みは、従来の科学的な性格を重んじる歴史学の逸脱として、また歴史叙述に理念をもちこむ方法論への批判から、辛らつな批判を浴びることになる。

まず、「トインビー批判」のおもな論点をあげてみよう。第一に研究上の基本概念となる「文明」の定義、第二に歴史上の文明の設定とその「比較史的方法」、第三に歴史研究の形而上的な解釈と「宗教の重視」、第四に新しい文明の意義と「近代文明の低評価」等にわたる。

他方、トインビーの広大な歴史的な視野と偉大な構想力は、心ある識者の琴線にふれ、大きな反響を呼んだ。また、その卓抜な学識と豊富な事例引証は驚きの念をあたえた。じつは、トインビー批判の風向きを創造的な批評に変えたのは、新たに比較文明学の心得をやどすP・A・ソローキン等の登場を待ってのことである。ちなみにソローキンは、アメリカ社会学会の会長を歴任し、新たに創設された「国際比較文明学会」の初代会長を務めている。その第一回大会（オーストリア・ザルツブルク、一九六一年）には、ソローキンの招請をうけてトインビーも出席し、理論的な指導の大役を果たしている。

ここに、トインビーの業績に賛同する論評の一端に目を留めよう。まず、アメリカ人類学の巨星として学会長も務めたA・クローバーは、新たに「比較史」という肥沃な領域を発展させた「真の歴史家」として、「トインビーの洞察と勇気ある行動」に共鳴している。さらに、古代ローマ史の泰斗であるJ・フォークトは、その新しい「普遍的世界史」への道標を、あえて「ランケからトインビーへ」と象徴的に語っている。また、西洋中世史の重鎮であるC・ドーソンは、「歴史研究は、文明の研究を包含してしかるべきである。むしろ限定された歴史は、一面的かつ不完全である」と自己批判をもってのぞんでいる。

なお、「ユネスコ」傘下の学術誌『ディオゲネス』は、いち早く「トインビー特集号」（一九六五年）を組み、その「大いなる問い」と深遠な洞察に瞠目している。いま新たに、トインビーの真正な理解と評価の一例として、心に留めたいメッセージである。

もっとも、人間の認識能力に限界がある以上、博覧強記のトインビーにとっても誤謬《ごびゅう》や脱落があろう。また、その概念規定や理論構成上の不備も免れない。とりわけ、わが身の体面にかかわる「近代文明」の低評価は、きっと承服しがたい切実な関心事でもあろう。

ところで、トインビーは、諸家の多くの批判に応える長大な「一書」（『歴史の研究』第一二巻、

「再考察」、一九六一年）を刊行している。晩年のトインビーが、あえて「私を批評した各位に対する謝辞」をこめて、それこそ全人的な誠意をもって応答している。すでに、世界的な名声を博した老トインビーである。その自己を律する謙譲の精神と真摯なまなざしは、いかにも麗《うるわ》しく感動的である。

もっとも、一群の批評家は、トインビーが登場する歴史的な必然性やその本質的な意図について、かならずしも聡明な態度でのぞんだわけでもなかった。一般に、伝統的なアカデミズムの一習性として、既存の学問体系の固持と新しい研究動向への警戒心も否めない。申すまでもなく、新たな学問的な営為の評価は、本来の「在るべき研究」に向かう主体性と創造性にある。ここに、あらためてトインビーの肖像として、ひそかに「真に問題性をもつ、非正統的な歴史家」の孤影をかい間見ることもできよう。

トインビーの探求は、たんに客観的な学問志向だけでなく、現代の「地球的な危機」に対する主体的な対決を秘めている。すなわち、全人類的な「平和への希求」として、現代文明の歴史的な定位と命運を解明しようとしている。この重大な挑戦に対して、歴史家はあたかも「なにごともないかのように」自己の専門に没頭してよいのであろうか、との自省もある。いわゆる、歴史研究の価値基準として、著者の生きた時代と著作の必然的な関係性が、新たに問われることになろう。

一連の「トインビー批判」に関しては、まず結論の承認とは別に、その知的挑戦の本質的な意味をさとる「内在的な批判」と、頭ごなしの否定にたつ「外在的な批判」を区分する必要があろう。さらに、トインビー評価の価値基準も一考すべきであろう。すなわち、既成の価値観や価値基準に留まれば、当然のことながら「否定的な評価」となろう。他方、新しい世界史への開眼と価値志向に照らせば、大いなる画期として「肯定的な評価」に浴するであろう。

トインビーの「新しい世界史」は、なによりも二十一世紀への知的挑戦として、ことに「近代ヨーロッパ・パラダイム」の根本的な見直しであることに留意したい。

付記

□新たに、トインビーの「主要著作」およびその反響としての「各種論評」を集成した文献記録として、S・F・マートン編著の『トインビー文献目録』(オックスフォード大学出版局、一九八〇年)がある。同書は、トインビーの良き知的同伴者でもあったヴェロニカ夫人の「序文」を冒頭におき、全体として主題別の三章からなる。とくに、第一章は、おもにトインビーの二つの主著すなわち『歴史の研究』および『国際問題大観』に関する出版・紹介記録である。ちなみに、その掲載方法は、年代別に分類され、初期の一九一〇年から死後の七九年にいたる。また、その掲載項目は、じつに二九七九点におよんでいる。第二章は、トインビーの一般著作および主要テーマ・地域研究等に関する多彩な出版・論評記録である。第三章は、トインビー研究の道案内となる「索引」の調べである。本書を一望して、あらためてトインビーの膨大な知的遺産と創造性の開花を見ることができよう。

二　新しい「地球文明」への道——人類の「共有遺産」を求めて

「地球文明」の由来と展望

まず、ここに掲げる「地球文明」への道とは、いったいどういう道であろうか。何分にも、天空の一惑星たる「地球」に向かうかのように、途方もない感じを誘うであろう。正直に申して、何かつかみどころがない茫漠たる思いもよぎるであろう。そこで、多分に聞きなれない「地球文明」という名称の由来と意味から探索したい。

じつは、この「地球文明」という言葉は、歴史学上の新しい「世界史区分論」として登場する重要な概念である。いわば、これまでヨーロッパを主役とした「世界史」像をどう読みかえるか、との問いかけである。その未踏の道を拓いた先駆者の一人として、イギリス歴史学協会の会長を務めたG・バラクロウがいる。

彼の著書として、大部な『世界歴史地図』(一九七八年。日本語版編集——成瀬治・山口修・三浦一郎、朝日新聞社、一九七九年)がある。読者には、一介のたんなる「地図」の本ではないかと、いぶかる向きもあろう。ところで、他方では「立派な一〇冊の史書も、この一書の地図書におよばない」と高い評価を得る名著でもある。

ひとまず、その相反する評価の謎解きとして、これまでの伝統的な「世界地図」の特徴をかい間見よう。じつのところ、従来の歴史的な「世界地図」は、きわめて政治地理学的なものであった。いわゆる、政治的な境界や軍事的な功績等を基準にしている。また、世界地図の見方や解釈も、往々にして自己本位の偏見に満ちたものであった。もとより、「世界地図」の誕生は、その前提となる宇宙観や世界観がひそんでいる、といえよう。総じて、おもに「西洋中心・北半球志向」によどむものであった。その顕著な例として、たとえば「メルカトル式世界地図」(一五六九年)をあげることもできよう。現に、最近までヨーロッパの学校教育で使用していたものである。

一つの、身近なエピソードを紹介しよう。私の旧知の仲で、かつて国際比較文明学会の会長を務めたM・パレンシア・ロス氏がいる。彼は、南米コロンビアの出身である。したがって、学習上の「地図」を手元においても、つねにアメリカ合衆国を頭上に「見上げる」形で学んでいる。ある意味で、世界史の解釈法ないし慣行までもが、自分が住まう地図上の位置に関わるのだろうか、と疑問を投げかけている。彼は、そのような自己体験に照らして、とくにその解釈上の歪曲を「空間の道徳的な差別」と呼んで糾弾していた、ことがある。その純粋な心情たるや、無碍《むげ》なるものがあろう。

ところで、バラクロウの『世界歴史地図』は、このような伝統的な世界史観や世界史地図に巣くう不条理を正そうとしたものである。本書の主眼は、自ら冒頭（「はじめに」）で語るように「現代の重大な変化に対する、新しい世界史観の提供」を目的としている。聖書の言葉を引用すれば「新しいブドウ酒は、新しい皮袋に」（「マタイ福音書」（九―一七）ということになろう。

新しい「世界史区分」の構想

そこで、歴史学上の新しい「世界史区分論」として、バラクロウの広大な構想を一瞥するとしよう。本書は、とくに「歴史地図」という視角に訴える独創的な手法から、今日の「地球文明」にいたる文明興亡史を描いている。いわゆる、人類文明史の黎明から現代におよぶ「主要な変化」について、つぎの「七つの時期（セクション）」に分けて考察する。

ここで、その全容を概観しよう。一、「初期人類の世界」（石器時代の狩猟者から農業の拡大まで）、二、「諸文明の時代」（BC三〇〇〇―BC一〇〇〇）、三、「ユーラシアの古典文明」（BC一〇〇〇―AD五〇〇）、四、「分裂・割拠の世界」（AD五〇〇―一五〇〇）、五、「ヨーロッパ興隆の世界」（一五〇〇―一八一五）、六、「ヨーロッパ優位の時代」（一八一五―一九一四）、七、「全・地球文明の時代」（第二次世界大戦後の植民地主義の衰退や超大国の出現および冷戦等をみる今日まで）、となる。

このように、バラクロウは、近代歴史学上の「西欧中心主義」を脱却し、広く人類文明史上の変動を投影する「新しい視点」を提供している。じじつ、従来にみる「世界歴史地図」の大半は、とくに「中心としてのヨーロッパ」に重点をおき、その周辺地域の登場は付随的で従属的なものであった。

逆に、バラクロウの場合は、一時代や一地域といった個々の事象に留まるものではない。むしろ、多様な文明の出会いと相互関連を重視している。いわゆる、地球上のあらゆる時代と地域を背景にし、その全民族の成果を公平に見つめる「普遍的な歴史観」を築いている。たとえば、眼前に聳《そび》える「ヨーロッパ文明」へのえこひいきを慎み、不運にも世界史の「辺境」と目された「アジア・アフリカ諸文明」にも多くの光を当てている。ちなみに、これまで「極東」と名指された日本も、その例外ではない。

本来、歴史の歩みは、不動の静的なものでなく、たゆみない変化の動的過程であるといえよう。とくにバラクロウは、歴史学の実証的な立場から、これまでの西欧中心史観をこえて「歴史の余白」をうめたことになる。今後の展望として、新たに「地球文明」を見すえる世界史像を築いた意義は大きいといえよう。申すまでもなく、今日の歴史的情勢は、全人類を単一の家族とし、共通の希望と恐怖を分かちもつ根本的な変動期にある。もはや、新たな「地球文明」という視点を欠くことはできない。

じつは、このような新しい「世界史区分論」に挑んだ「もう一人の歴史家」がいる。本書の冒頭（「プロローグ」）であげた、名高いＷ・Ｈ・マクニールである。その代表的な著作が『世界史』（一九六七年。増田義郎・佐々木昭夫・柴田稔彦訳、新潮社、一九七一年。増補改訂版―中公文庫、二〇〇八年）である。読書界では、人類史を一望する「魅力あふれる壮大な物語」とし大きな話題をさらっている。きっと、いまだ不透明な「地球文明」の未来を案じ、明日の希望となる歴史の教訓と知恵を求めたのだろうか。

これまで素描したように、英・米歴史学会の双璧をなすバラクロウとマクニールは、まず新たな世界史研究の基本単位を「文明」としている。さらに、諸文明の因果関係と相互関係を巨視的に捉えようとしている。いわゆる、巨匠Ｌ・Ｖ・ランケ以来の「近代歴史学」にひそむ「西欧中心史観」や「一元論的発展論」の脱却である。とりわけ、世界史上の文明変動に注目し、諸文明の比重をあるがままに描写している。それらの基本構想は、まさに人類史の命運を託した「地球文明」の歴史的な位相と方位を示している、といえよう。

新知「比較文明学」の誕生

もとより、一人の著作家が壮大な世界史を書きとめることは、きわめて困難な業であろう。期せずして両者が告白するように、ときには歴史家の「大がかりな誤解」（マクニール）を招き、また専門家の「袋だたき」（バラクロウ）にあうかもしれない。その悲運は、往々にして世の先駆者が負う宿命なのであろうか。

ところで、第二次世界大戦後にみる現代史学の課題と新しい潮流は、どうであろうか。まず、何よりも伝統的なヨーロッパ史像の反省と超克を原点としている。その意味で、いち早く「歴史の真実」に向けて新しい知的冒険を試み、今日の「地球文明」への窓を開いた二人の業績は大きいといえよう。このような、新たな全体的な視点と体系的な叙述は、いわゆる「歴史学の再構築」の問題として浮上することになる。いわば、真の世界史的な立場に立つ「歴史の甦り」

は、むしろ伝統的な歴史学の彼方に新しい「比較文明学」の誕生をうながす契機ともなった。じじつ、世に抗した「孤高の歴史家」でもあるバラクロウとマクニールと共通の認識に立ち、むしろ両者の史観に影響をあたえながら、独自に比較文明学への道を築いたのがA・トインビーである。

ちなみに、バラクロウの著書『世界歴史地図』の構想は、当初トインビーとともに練られたものである。また、マクニールの著書『世界史』の着眼もトインビーの学風に導かれたところが多い。いわゆる二十一世紀の新たな学的志向ともいえる「比較文明学」の形成は、まさにトインビーの先導性に負うところが大きいといえよう。

ここで、新知の「比較文明学」について、その知的核心にふれておこう。まず、学名に冠する「二つのキーワード」がある。第一は、研究対象となる「文明」である。それは、何よりも偏狭な民族史観や国家主義をこえ、全人類史を鳥瞰する「全体性の視点」である。第二は、研究方法となる「比較」である。それは、いかにも独尊的な自己中心性を相対化し、全地球文明の自覚に立つ「関係性の認識」である。

たとえば、ヨーロッパの「起源問題」についても、その特定の地域や歴史に根ざす「内の思考」と、他文明との交流と変容を描く「外の思考」をつなぐ総合的な探求が不可欠であろう。

比較文明学は、とくに二十一世紀の文明変動論として、新たな「地球文明」の構図を描く「超領域的な研究」と、諸文明の共生を図る問題解決の「実践的な課題」を負うものといえよう。

「地球文明への視座」とトインビー

一九六一年には、比較文明学の歴史的な開幕を告げる「第一回国際比較文明学会」（オーストリア・ザルツブルク）が開かれた。初代会長のP・A・ソローキンの招請により、トインビーも理論的な指導者として出席している。その折の「記念シンポジウム」のテーマには、新しい学問の知的構図や「世界史の問題」とともに、早くも未来の地球文明を討議する「一つの世界」が登場している。

今日、文字通り、全人類をつつむ「地球文明の時代」を迎えている。とりわけ、近代の国際政治体系を問い直し、新たに国際平和と地球共生の理論を構築することが急務となろう。トインビーは、いち早く未来社会像として、広大な歴史的検証を背景としながら、人類存続への道として「世界国家」（世界政府）の青写真を示している。その広範な歴史学と国際政治学を結ぶ歴史的知見は豊かであり、かつ未来的展望への洞察は深いといえよう。現に、前途には人類の「存続か絶滅か」をせまるかのように、身近に「最後の審判」の足音も近づいている。新たな希望を灯す「地球文明」の意味と方途について、あらためてトインビーに学ぶ意味は大きいといえよう。

他方、これまで海外および日本の代表的な新聞社は、折にふれトインビーに大きな関心を寄せている。日本でも、たとえば世界的な大事件に際して、あるいは新年の年頭所感として、トインビーの論説が多くの紙面を飾っている。その総数は、およそ六〇篇をかぞえる。かつて、これらの主要な寄稿論文（一九五三―七四年）を収集・分類し、一書にまとめたことがある。その折の表題は、まさしく『地球文明への視座―トインビー現代論集』（秀村欣二・吉澤五郎編、経済往来社、一九八三年）である。おそらく、単行書の表題として「地球文明」を掲げるのは、本書が最初であろう。

ちなみに、本書の第一章は「日本の印象と期待」である。日本への深い関心と独創性等への賞賛とともに、いち早い経済成長下の「公害問題」や「日本国憲法・九条」の問題を危惧している。新たに、世界史の中で「日本とはなにか」という自省と希望の念をこめて、トインビーの挑戦に応える意味は、いまなお重いといえよう。なお、その他の主要項目として、第二章「国際政治と世界の平和」、第三章「現代文明の試練と課題」、第四章「未来の世界像を考える」等がある。

まさに本書は、いまも根強いナショナリズムの亡霊を解き、新たな「地球文明」に挑む人類史の試練と道標を示している、といえよう。また、現代文明へのトインビーの視座と推移を見守り、その全体像と今日的な意義を見定める指針ともなろう。あらためて、トインビー思想の現代的な動向として、その偉業と先見の明にふれる想いである。

なお、本書の出版に際し、ヴェロニカ・トインビー夫人から著作権の承認とともに、「ご成功を心からお祈りします」というメッセージが寄せられている。いま、他の機会にも寄せられた心温まる書簡とともに、その「誠実な人柄」に接し深い感慨に誘われる。

付記

□本章の主題となる「地球文明」という名称と展望に関する文献として、拙稿「地球文明の肖像――自己変容の途」(『世界史の回廊――比較文明の視点』所収、世界思想社、一九九九年)がある。とくに、歴史学上の新しい「世界史区分論」として、代表的なバラクロウとマクニールの業績を検討し、その先導性としてのトインビー像を明かしたものである。同書は、中国でも翻訳・刊行(一九九九年)され、主要大学のテキストとして採択されている。

□その他の関連文献として、『地球文明と宗教』（東洋哲学研究所・創立五〇周年記念論集、二〇一三年）が刊行されている。同論集の冒頭には、創立者・池田大作創価学会名誉会長の「メッセージ」が寄せられており、光栄にも「拙著」への言及とともに、全人類的な「地球文明」への枢要課題が提示されている。ことに、トインビーとの「対話」をそえながら表明される新たな提言は、豊かな知見にみちて「地球文明」の道標ともなろう。

□また、同研究所主催によって、「地球文明への道」を統一テーマとする「連続講演」（二〇一四年）が開催された。講師陣として、中村桂子（生命誌研究）、松井孝典（惑星科学）、伊東俊太郎（比較文明学）等の諸氏とともに、私は「『地球文明』の肖像——比較文明学の旅路から」と題する講演を行った。その講演記録は、『東洋学術研究』（東洋哲学研究所、二〇一五年第一号）に収録されている。

三　文明の転換と未来の選択――新しい「精神革命」の試み

世紀末の「精神的な遺言」

新たな二十一世紀の開幕は、同時に「第三の千年紀」を告げる一大転機ともなった。いわゆる、人類文明史の根本的な変容として、広範にわたる重大な問題を投げかけている。ちなみに、西欧史上の「千年紀」（ミレニアム）問題は、たんに千年の時代を画する数値ではない。むしろ、「世界の終わり」に対する一種の恐れと期待を秘めている。

これまで人類は、その曙《あけぼの》より「母なる大地」を殺し、新たな「文明」の探求と発展に身を挺《てい》してきた。その他ならぬ文明の論理が、いま人間自身の寄るべき生存基盤を脅かしている、ともいえよう。この、「文明の逆説」ともいうべき根本的な事態に、どう対応すべきだろうか。果たして、人類史上に染む人間の罪障をあがない、新たな自己変容に導く「恩寵《おんちょう》の光」に浴する

ことができようか。その意味で、今日の人間環境は、ちょうど人類文明史上の一大転機に直面し、その「折り返し点」にあるともいえよう。

このような、混迷する時代の苦悩をいち早く胸に刻み、象徴的な大作に挑んだ一人がポール・ゴーギャンである。その有名な画題は、「我々はどこからきたのか、我々は何者か、我々はどこへ行くのか」（一八九七―九八年、ボストン美術博物館所蔵）と問いかけている。本来、門外不出とされる名画である。もっとも、日本でも公開されて大きな話題となった（東京国立近代美術館、二〇〇九年）。また、ＮＨＫの番組「シリーズ・世界遺産一〇〇」のタイトル背景ともなっている。

ゴーギャン作「我々はどこからきたのか、我々は何者か、我々はどこへ行くのか」©アフロ

申すまでもなく、ゴーギャンは、フランスの後期印象派を代表する世界的な画家である。その絵画の深層には、「人間存在」に関する深い思索と洞察が刻まれている、ともいえよう。とくに、この代表作は、彼が自殺を図る直前に、いわば絶望の淵に身を投じて完成した「精神的な遺言」でもあった。いわゆる、ゴーギャンの「最高傑作」と目される作品である。

ところで、この作品が表象するものは何であろうか。ちなみに、通常の解釈では、人間の一生を、すなわち「誕生・成長・死」にいたる不可避な運命を描いている、ということになろう。ひとまず、その大きな画面の全景を観てみよう。たしかに、向かって右側には、安らかに眠る幼い赤ん坊の姿が描かれている。その中央には、両手を上空の彼方に上げて果物を摘む神秘的な少女像がある。さらに左端には、亡霊の影のように頭を抱えこむ老女が佇んでいる。いわゆる、人間のだれしもがたどる「人生の段階論」の構図である。

しかし、その広大な画布の底には、森かげの暗い微光にうちしずむ、病める「人間と文明」にたいする根源的な問いが刻まれている。まさに、ゴーギャンの主題は、人間と文明が直面する「生と死」への問いにあったのではなかろうか。じつは、ゴーギャンが、多くの謎とともに提示した世紀末の警告が、いま新たな重みをもって時代の転換を照らしている、ともいえよう。今日、あらためて二十一世紀の「地球文明」を迎える精神的なメッセージとして、あるいは人類史の「折り返し点」を象徴する画題の一例として、ぜひとも記憶にとどめたい作品である。

「グローバル危機」と人類の運命

今日、いわゆる「二十一世紀の問題」として、とくに地球全体を覆う「グローバル危機」の問題がある。もっとも、人類社会の常として、どの時代にも特有の危機意識がひそんでいるともいえよう。一説では、この「危機」(クライシス)という言葉の語源は、ギリシア語の「カイロス」

に由来する。すなわち、神意として人間の決断をせまる決定的な時点、との意味である。今日、その「運命の時」が身近にせまっているともいえよう。

ところで、今日の「グローバル危機」とは、一体どのような症状であろうか。まず、その基本的な様相と意味を吟味しよう。その特有な危機とは、おもに大きな「三つの危機」が、しかも全体として連動するものである。すなわち、一、「政治・経済の危機」(五〇〇年)、二、「文明の危機」(五〇〇〇年)、三、「生活・生命の危機」(五〇〇万年)である。およそ、このように時間系列の異なる「三つ巴の危機」が同時に進行する。いわば、これまで前代未聞ともいうべき異例の事態である。二十一世紀を覆う「グローバル危機」は、まさに人類救済史の一極点として、かの「運命の時」を告げているともいえよう。

現に、地球上の生態学的な問題群として、一連の環境汚染、資源枯渇、気候変動、種の絶滅等の暗雲がたれこめている。いずれも、自然そのものの変動というより、むしろ人間の貪欲信仰が招いた「負の遺産」ともいえよう。いまや、人間の生命や暮らしそのものの危機が案じられる事態でもある。第一級の宇宙物理学者であるマーティン・リースは、広く宇宙的な視点から『今世紀で人類は終わる?』(二〇〇三年。堀千恵子訳、草思社、二〇〇七年)と問いかけている。いわゆる、二十一世紀への警鐘として、新たに人間知性の転換と「共生価値」の創出を呼びかけている。
総じて、二十一世紀の「文明史的な位相」は、ちょうど人類文明史上の「折り返し点」にあるともいえよう。身近なマラソンに例えれば、その「往路」において生み出された人類の多様な遺産を問い直し、かつ「復路」において新たに人類を結ぶ「地球文明」の視座と関係性から再検証することである。いわゆる、全人類と自然との共生を育む「普遍価値」の創造を問いかけている。

このような、二十一世紀の「重要課題」とその施策は、まず現状において、国連の「国際年テーマ」やユネスコの「世界宣言」等に見ることができよう。すなわち、一方に、国連が主導する「文明間の対話」（二〇〇一年）や「人間共通の価値観」の構築がある。他方に、ユネスコが提示する「文化の多様性に関する世界宣言」（二〇〇一年）や「文化的な通底価値」の提唱がある。いずれも、新たな人類社会の構築と平和への証として、とくに民族や文明・宗教の壁をこえ、またすべての人間の尊厳を説くものである。

「文明と価値」の相互転換に向けて

今日、焦眉の根本問題として、「地球文明」の自己変容が求められている。いわゆる、新しい「世界史区分論」として登場する「地球文明」の歴史的な検証であり、未来を生きる創造価値の探求である。身近には、遥かなる「ポストコロナの文明史像」を見すえる知的探訪の旅路ともなろう。同時に、二十一世紀の文明変動論として、自ら「使命志向科学」を任じる比較文明学の最大の課題でもある。

今後の「地球文明論」の課題は、何よりも広く人類文明史を鳥瞰する巨視的な視野と事態の本質を見抜く慧眼が必要である。その有望な論鋒の一角として、これまでの人類史を読み替える「二つの主題」に注目したい。いずれも、日本および世界の比較文明学を代表する卓抜な論考である。

その「第一の主題」は、神川正彦氏が主唱する「文明と価値変動」の問題である。その基本文献として『価値の構図とことば――価値哲学基礎論』勁草書房、二〇〇〇年）がある。本書は、全人類的な「地球文明」（地球文明的世界システム）に対応する「文明と価値」の新しい関係と方位を解明したものである。ちなみに、神川氏は、初期の歴史哲学を起点に、さらに価値哲学および比較文明学の分野で活躍する「知の巨人」である。その最後の知的果実が、明日の「地球文明」の命運を問う壮大な「文明・価値変動論」である。

申すまでもなく、現実にせまる「文明の転換」問題は、その基底となる「価値の転換」問題につながる。神川氏は、まずこれまでの価値理念のあり方について全面的な再検討を試みる。いわゆる、伝統的な「価値理念」の誕生問題である。その実相は、往々に二項対立に沿う他者否定をはらんでいる、ともいえよう。現に、「文明―未開」をはじめ、「真―偽」、「善―悪」、「聖―俗」、「美―醜」といった対位法が見られる。その二元的な言語上の区分は、ときに自己の正当性を満たす評価をともなう。また、主観的な差別を焼きつけることにもなろう。歴史上、ヨーロッパ精神史を彩る「正統と異端」、あるいは日本文化史に通底する「聖と賎」といった悪しきモデルも同罪である。他面、有名なエドワード・W・サイードの『オリエンタリズム』（板垣雄三・杉田英明監修、今沢紀子訳、平凡社、一九九三年）は、とくに「西洋対非西洋」という二分法の観念性と虚構を鋭く衝いたものである。

ところで、今日の「文明の転換」問題として、大きく浮上するのが「文明と価値」の問題である。その基本的な視角は、世界史的な諸文明の遭遇と変容過程について、とくに巨視的な相互連関性から究明することである。まず、近代の「ヨーロッパ中心史観」の超克は必定である。少なくとも、ヨーロッパを唯一の「文明」とし、他のすべての文明を「半文明」ないし「未開・野蛮」と見下す「文明の論理」を解消する必要があろう。しかし、たんに近代的な価値体系に染む「西洋文明」の批判に留まるものではない。とくに神川氏は、新たに二十一世紀の「文明変動論」として、その歴史的な様相と課題を提示する。

すなわち、問題の核心は、これまでの西洋的な価値の相対化と、その他の非西洋的な価値を組みこむ新しい関係概念と価値の創出にある。いわゆる、比較文明学の「中心―周辺論」を主軸とする「地球文明の自己変容」を描くことである。身近に語れば、今日グローバル化が進展するなかで、新たな国際目標（ＳＤＧｓ）が問われている。重要なことは自分だけの関心事でなく、他者の尊厳と自由にも貢献するような、開かれた「他者理解」を身につけることである。いわゆる、国境をこえて他者に学び、また自己を知るような「地球市民」としての新しい主体の確立でもある。

神川氏の「文明・価値変動論」は、とくに近代的な一元主義を修正し、それこそ生態系から文明系にいたる「多様性のなかの共生」像を描いている。同時に、文明の基本要因となる宗教をはじめ、諸分野にわたる自己変革の道を開示している。いわゆる、その主眼は、多元的な文明史観と共生価値の創造にある、ともいえよう。

総じて、神川氏の問題探求には、その根底に人間の在り方や生き方への深遠な問いかけがある。その、根本的な反省と新しい方向性を説いている、ともいえよう。あらためて、自ら命名した「第二の枢軸時代」という苦難の道程について、独自の構想と展望を明示した功績は大きい。他面、いかにも内向きで情動的な日本文明の定位と課題も問われることになろう。

「文明の変容」と新しい「人間革命」

さらに、「第二の主題」は、伊東俊太郎氏が先導する「文明の画期と文明変容」の問題である。その基本文献として、ひとまず『比較文明』（東京大学出版会、一九八五年。新装版・二〇一三年）をあげることができよう。本書は、世界の諸文明を鳥瞰する比較文明学の視座から、いち早く「地球文明史」の構想と方位を提示したものである。ちなみに、伊東氏は、日本の科学史学会会長および比較文明学会初代会長、さらに国際比較文明学会会長等を歴任している。なお昨年（二〇二〇年）には、その広範な業績により「文化功労者」に選出されている。

ところで、その受賞理由の一文には「人類史の諸段階について独創的な見解を平易な表現で論じ、一般市民にも刺激を与えた」という事由があげられている。その真相は、どういうことであろうか。じつは、伊東文明学には、二つの主導概念がある。第一は、「人類史五革命説」である。いわゆる、人類文明史上の「時間軸」（タテ軸）において、文明発展の全体的な構図と転機の内的意味を明かしたものである。第二は、「文明交流圏説」である。いわゆる、人類文明史上の「空間軸」（ヨコ軸）において、諸文明の交流と変容の動態を解いたものである。一説には、伊東文明学の別称を「文明交流史観」と名づけるほどの有名な概念である。

伊東文明学の真価は、この第一の「文明の画期」という静的枠組みに、第二の「文明の交流」という動的枠組みをもって補完し、新たに全体論として再考証したことである。いわば、これまでの近代史学に巣くう「西洋文明」へのえこひいきを慎み、不運にも忘却の淵に沈んだ文明遺産にも光をあてながら、文字通りの「地球的文明史像」を開示した、といえよう。その着想は、すでに初期の論考「地球的世界史の構想」（編著『都市と古代文明の成立』所収、講談社、一九七四年）に見ることができよう。

伊東氏が描く人類誕生から現代にいたる「人類史五革命説」の見取り図（および特性）は、およそつぎのようになる。

1　「人類革命」（人類の出現、道具・言語の使用）

2　「農業革命」（農耕の開始、村落共同体の形成）

3　「都市革命」（都市の勃興、階層分化・文字の成立）

4　「精神革命」（普遍宗教・哲学の並行的黎明）
5　「科学革命」（近代科学・産業革命の進展、近代国家の成立）
6　「環境革命」（地球環境問題の登場、人間と自然との新たな関係創造、「人間革命」の要請）

このように、人類文明史上の「転換期」を総観するとき、はじめて現代にみる危機の真相と新たな変容への途に出会うことになろう。では、身近な関心事でもある「現代の画期」とは何であろうか。申すまでもなく、その「重大な挑戦」として問われるのは、第六の「環境革命」への転換問題である。いわゆる、これまで西欧文明の優位を支えた「科学革命」の帰結とその再吟味である。

とりわけ、今日の「科学革命」は、自然の極度な人為的支配を許して生態学的な危機を生んでいる。さらに、巨大な「科学技術文明」の自閉的な体制は、人類の前途に深刻な問題を投げかけている。伊東氏が指摘するように、一方で「物質・エネルギーの生産」や「知識の増産」に傾注し、他方で人間の「神秘への謙譲」を亡失して精神的な空洞化を余儀なくした。いわゆる、一部の楽観主義をこえて「文明の同時崩壊」という死の記号を秘めることになる。

現に、科学文明を温床とする地球環境問題は、「二十一世紀の最大課題」ともされる。この、未曾有な事態にどう対応すべきであろうか。いわば、「人間」のおかれた所与性と尊厳性のはざまで、いかに「科学技術」の人間化を図るか、あるいは「物と心」をむすぶ新しい文明原理とは何か、との問いかけである。伊東氏は、その「環境革命」を導く精神的な原理と復興の歴程を「人間革命」と名づけている。それこそ、全人類的な「地球文明」の道標として、新たに人間の生き方や価値観の変革を求める文明変容の旅路ともなろう。

伊東俊太郎監修、吉澤五郎・染谷臣道編集
『文明間の対話に向けて　共生の比較文明学』

伊東氏の「文明の画期と文明変容」論は、いち早く壮大な「地球文明史像」を提示し、いまや不可避な「環境革命」の文明史的な位相と人間存在の根基を論証している。いわゆる、本来比較文明学に課せられた「叡智《えいち》の領域」、すなわち「メタヒストリー」（歴史形而上学）の奥義を究める「宇宙連関論」として瞠目すべきものがある。その、前人未踏ともいうべき壮大な構想と炯眼には瞠目すべきものがある。まさに、日本比較文明学の記念碑的な論考ともいえよう。

未来の選択と「三つの提案」

さいごに、二十一世紀の新しい転換期を導く「環境革命」について、その問題解決の方途を検討しよう。伊東氏は、その試案として、つぎの「三つの提案」を提示している。

第一は、「科学技術」の進路変更である。いわゆる、科学技術の進展は、十七世紀の「科学革命」から「産業革命」、さらに今日の「情報革命」にいたる目覚ましいものがある。しかし、その一方的な量的拡大の論理は、一般の社会倫理に背を向けて独走態勢にある。その、不幸な結末が「原発事故」の悲劇である。今後の課題は、科学技術の本来の目的に立ち返り、新たに人間と地球の生命を守っていくことであろう。いわゆる、これまでの「科学革命」から、豊かな精神的な遺産を育む「叡智革命」へと進路を変更することである。

第二は、「自然観」の変革である。とくに、ヨーロッパ近代科学の自然観には、人間が自然を制御して支配する、という謂われなき偏見がひそんでいる。たとえば、デカルトの「機械論的自然観」やベーコンの「人間の王国論」等は、その代表例である。今日、その人間中心の貪欲信仰と繁栄が、人間の住処《すみか》でもある生態系を破壊し、自ら「地球環境問題」を呼び込んだともいえよう。今後の課題は、新たな自然観の創出として、まず人間自身も「自然の一部」であることを自認することである。じじつ、人間は「自然から生まれた末っ子」にすぎない。いわゆる、これまでの「自然の支配」観から、地球の全生命を慈しむ「自然との共生」観に心を転じることである。

第三は、「文明」の転換である。これまで、「文明とはなにか」という定義には諸説があろう。たとえば、かつてアメリカの有名な人類学者であるレズリー・ホワイトは、「文明とは、パーヘッド（一人当たり）が使用するエネルギーの量で決定する」とも説いている。つまり、一人当たりに使うエネルギー量が多いほど高い文明になる。今日、すでにエネルギー消費量は、地球大の飛躍的な増大をみている。しかし、その果てしない「大量生産方式」が、いまだに宙に舞う「環境破壊」や「核の危機」という火種をのこしている。今後の課題は、これまでの「成長の論理」にゆらぐ「市場文明」から、在りし人間の豊かな品性を回復する「成熟文明」に移行することである。

このように、新たな「文明の転換」によせる伊東氏のメッセージは、いずれも人間存在の在り方や生き方への根源的に問いを秘めている。いわゆる、望ましい「未来の選択」として、とくに人類史上の「精神革命」を胸に刻み、新たに全体を見すえる「人間革命」の途を歩むことである。これから「ポストコロナ」の未来に向けて、伊東氏の叡智と熱情をこめたメッセージは、きっと希望のそよ風として新たな開眼を誘うことであろう。

付記

□本章に関するトインビー論集として、『文明の転換と東アジア』（秀村欣二監修、吉澤五郎・川窪啓資編、藤原書店、一九九二年）がある。本書は、「トインビー生誕一〇〇年記念事業」の一環として、日本・韓国・中国等で開催された「アジア国際フォーラム」（一九八九―九一年）の内容を中心に編まれた報告書である。

今日、「文明の転換」という根本問題を語るとき、とくに「東アジア」の比重と動向が注目されよう。ここで重要なことは、東アジアの「文明論的な位相」を正しく受けとめることである。いわゆる、現況の「地球文明」のなかで、新たに自己変容の道が問われている。いわば、これまでの一国覇権主義をこえる「脱中心化」の実を果たすことである。

じじつ、晩年におけるトインビーの「東アジア」に寄せる期待は大きい。本来、そのトインビーの論旨は、自己中心的なナショナリズムをこえることである。いわゆる、人類共同の「地球文明」への関係性と道標から解かれるべきであろう。少なくとも、文明の優劣関係に目をこらした「ヨーロッパ中心主義」の裏返しとしての、「アジア・日本中心主義」への回帰を容認するものではない。

二十一世紀の「文明の転換」という根本問題について、いち早く「世界史のなかのアジア」の命運を討議し、とくにトインビーの先見の明を再吟味した意義は深い、といえよう。

□その他、主要な関連文献として、つぎのものがある。

伊東俊太郎監修、吉澤五郎・染谷臣道編『文明間の対話に向けて――共生の比較文明学』（世界思想社、二〇〇三年）

伊東俊太郎『変容の時代――科学・自然・倫理・公共』（麗澤大学出版会、二〇一三年）

山本新著、神川正彦・吉澤五郎編『周辺文明論――欧化と土着』（刀水書房、一九八五年）

服部英二『文明は虹の大河――文明論集』（麗澤大学出版会、二〇〇九年）

第二部
トインビーの文明批評

一　トインビーのアメリカ論――「自由の国」アメリカは可能か

アメリカでの「トインビー評価」

かつて、イギリスの文化史家として名高いC・ドーソンは、トインビーの主著『歴史の研究』について「まずアメリカで門出を飾り、真正な評価を得て、その後の幅広い反応を呼び起こした」と述べている。かつて、ドーソンとトインビーとの親交は深く、両者の独創性と誠実な研究態度には定評がある。トインビーもまた、彼の遺著（『革命の神々』、一九七二年）の冒頭に、最大の賛辞をこめた「緒言」を寄せている。さらに、両者とも、アメリカとの知的交流も広く、その学界事情にも通暁している。その意味で、まずトインビーのアメリカ体験と遍歴をかい間見るとしよう。

トインビーとアメリカの関係は、とくに第二次大戦後、急速に深まっている。むろん、その間無縁であったというわけではない。早くも一九二五年には、マサチューセッツ州ウイリアムズ・カレッジの国際問題夏季講座の講師に招かれている。また、一九四二年には二回目の訪米をとげている。

しかし、トインビー史学の要諦にかかわる積極的な関係は、やはり第二次大戦後のことである。トインビー自身、戦前にましてアメリカを訪問し、各地の大学での講演や、スタンフォード大学の客員教授の任も務めている。さらに、トインビーとアメリカの関係が一層深まったのは、一九四六年にD・C・サマヴェルによるトインビーの『歴史の研究』(縮刷版)がアメリカで刊行された事情による。同書は、一躍ベスト・セラーとなり、彼の名を世界的に有名にした。

じつは、トインビーの主著『歴史の研究』に対する評価は、一般読者の関心をよそに、欧米の史学界では黙殺ないし無視に等しいものであった。しかし、その後、アメリカの『近代史学雑誌』に、第一級のP・A・ソローキンやR・クールボン等の論評が登場する。両者は、トインビーの問題性を指摘しながらも、決して無理解な批判に堕するものではなかった。むしろ、『歴史の研究』の偉業を讃え、一種の尊敬の念をふくむものであった。じじつ、ソローキンは、同書を「総合的歴史の分野では、現代のもっとも重視すべき労作」と評している、また、クールボンは、トインビーを「深遠な洞察」の所有者、および「偉大な著述」の著者と書きとめている。

また、一九五五年の「アメリカ史学会・年次大会」では、トインビーの『歴史の研究』を主題とする部会が開かれている。その折は、慎重な討議の結論として「トインビーの労作は、斯学《しがく》に携わる人びとの真摯な考察に値する」という見解が示された。さらに、同年、シカゴのロヨラ大学に『歴史の研究』に関する共同研究会議が創設されている。その趣旨は、トインビーの意向と同様に、歴史家の使命および意味と価値を主体的に問いかけるものであった。なお、初会合の出席者には、歴史学を代表するW・H・マクニールやO・ハレッキー等をはじめ、哲学、神学分野からの大家が出席している。

「ローマ帝国の運命」とアメリカ

このように、トインビー史学の誕生と展開は、深くアメリカの土壌に根ざし、その恩恵に浴しているといえよう。当然のことながら、トインビーのアメリカ人に対する親愛の情は深いものがある。しかし、アメリカの現状についての見解は、むしろ批判的である。その意味で、アメリカを直接のテーマとし、広く巨視的な分析と解明を図った著作として『アメリカと世界革命』（一九六二年、オックスフォード大学出版局）がある。

なお日本では、つぎの二つの訳書となって出版されている。すなわち、その論題をタイトルにした『失われた自由の国――現代アメリカ論』（黒沢英二訳、一九六二年、毎日新聞社）、およびその原題に即した『アメリカと世界革命』（大橋健三郎訳、一九六七年、社会思想社）である。これまで、トインビーの文献は、多くの大学で「英文テキスト」として採択された。本書は、その花形となる一書でもある。

この本は、トインビーが、一九六一年にペンシルベニア大学に招聘され、その折の講演を収録したものである。ちなみに、同大学は、一七四〇年に創立された由緒ある学府である。さらに、その開催地フィラデルフィアは、アメリカ建国の歴史的な「聖地」でもある。さしずめ、アメリカ論にちなむ講演会場としては、格好の条件でもあろう。

本書は、原文で七七ページの小冊子ながら、トインビーの歴史観およ

アーノルド・J・トインビー著
『アメリカと世界革命』

びその公正な態度や偏見のない精神といったものをよく表している。また、自己の体験や見聞をはさんでおり、読者の親近感を誘う。他面、政治的なイデオロギーにとらわれず、歯に衣を着せない正面きったアメリカ批判としても定評がある。その代表例として、一九六五年の「ベトナム戦争」以降に示された一連のアメリカ外交政策批判がある。それだけに、アメリカ人に大きな苦痛と衝撃をあたえたともいえよう。

　本書の主題は、かつて人類史に輝く理想的な革命を行ったアメリカが、今日その革命精神を裏切って大きな試練の道にある、と説いたものである。すなわち、史上に名高い「アメリカ独立革命」は、一七七五年四月十九日、マサチューセッツ州のコンコード橋畔の砲声で火蓋を切った。その砲声は、まず「フランス革命」（一七八九年）にこだました。その後、世界の「自由と平等」を求める多くの革命の源泉ともなる。いわば、アメリカは、「世界革命の鼓吹者ないし指導者」としての創造的な役割を演じてきた、といえよう。

　しかし、いまやその名高い革命の理念をないがしろにし、むしろ既得利権を擁護する「反革命運動の指導者」に変貌している。ここに、じつはアメリカの挫折の根源的な意味がある、とトインビーは指摘する。

　ところで、その後、アメリカの姿はどうであろうか。かつては、物質的には貧困に耐えながらも、精神的に高い革命理念を掲げた。その革命の炎は、まだ燃えつづけているのだろうか。残念ながら、答えは否である。今日のアメリカは、かの革命性ではなく、むしろ反革命性においで世界の指導者になっている。この役割の逆転について、トインビーは、歴史上の「ローマ帝国」との比較から、その運命のゆくえを検証する。

いわゆる、トインビーの歴史理論（文明の段階論）から検討するとき、ローマ帝国は文明の末期症状を示す「世界国家」として位置づけられる。すなわち、これまで世界国家は、創造的な指導性を失った「支配的少数者」の制度的な所産として、文明の解体期に登場する。歴史上のローマ帝国は、その外面的な平和や巨大性にもかかわらず、内面的な精神の枯渇をみて自らの運命を絶った、ともいえよう。

他方、アメリカの現状はどうだろうか。いまや、貧者の国から富者の国へと転じ、人類共通の価値観を共有できなくなった。とくに、アメリカの富と人種的な優越感は、他者を排する絶縁体ともなる。今日のアメリカは、かつてのローマ帝国の運命と同じ歴史的な境位にある、とトインビーは診断する。

「アメリカ時代の終わり」のはじまり

ここに、あらためて「アメリカ独立革命」の意義を顧みよう。トインビーは、とくにつぎの二点に注目する。第一は、この革命が提起した基本的な問題は、物質的なものでなく、精神的なものである。第二に、それはたんに一三植民地の住民だけでなく、人類全体のための革命であった。少なくとも、T・ジェファソンはそう認め、またR・W・エマソンはそう宣言した。それは、いわば「人間の精神的な権利」の宣言であった、ともいえよう。

かつて、世界宗教の始祖たちは、人間の真の目標が、物質的なものでなく精神的なものであることを明察した。アメリカ革命の精神は、じつはこのような高次の理念を背景に成立したものである。そこに、人類を導く光明としてのアメリカの指導性と正統性の根拠があった、とトインビーは述べる。小説家H・メルヴィルの比喩を用いれば、アメリカは、「白を求めている間に、その純粋性を破壊する黒の進行を許した」ということになろう。

もっとも、未来はまだ不確定である。世界史におけるアメリカの役割が、まったく絶望視されたわけではない。今後、アメリカの明暗を分ける命運は、やはり自ら生んだ「アメリカ独立革命」の精神にいかに復帰するか、にあろう。トインビーは、その見通しについて、「本書」刊行（一九六一年）の時点では「まだいまならば可能な範囲にある」と信頼の念を託している。

しかし、その後一九七〇年代の論考では、しだいに雲行きが怪しくなる。とくに、アメリカに対する政治的および道徳的な不信感の増大がある。他方、一連の「マイノリティ」（黒人、先住民インディアン、女性等）の復権運動、さらには西欧植民地主義の復元ともなる「ベトナム戦争」の敗退や今日の「地球的問題群」への消極的な対応等も加味されたのであろう。トインビーの見通しは、しだいに否定的な見方を強めている。

以上にかい間見たトインビーの「アメリカ論」は、広く世界史的な視野に立つ純粋な正義感と高い倫理性を基調にしている。もっとも、このトインビーの見解には、即座に首肯しがたいものがあろう。きっと、異なる事実や解釈による反証や、また現実の実質的、構造的な問題に生温さがある、との不満もあろう。じじつ、今日の「アメリカ民主主義」の評価についても、イギリスの著名な歴史家であり、またアメリカ駐在大使でもあったジェームス・ブライスが指摘するように「強みと弱点」の両面がある。むろん、そのような批判と留保条件を無視することはできない。

しかし、いまアメリカは、歴史上の大きな区切りとして「アメリカは可能か?」という根源的な問いに直面している。総じて、これまでアメリカを一つに統合してきた歴史的な理念や制度への総体としての反省である。およそ、歴史を画する転換期には、何よりもその危機の本質と望ましい問題解決の方途に心をそそぐべきであろう。

さらに、トインビーのアメリカ論は、全人類にわたる「世界革命」の過去と未来への見通しが秘められている。トインビーが最後に述べるように、アメリカの問題は、同時に自国イギリスの問題であり、さらに全世界におよぶ重要な国際問題でもある。その含蓄《がんちく》は、日本の政治情勢にもおよんで深いものがある。

アメリカは、少なくとも、このトインビーの意図と警告を真摯に受けとめるとき、新たな「栄光の出発」に恥じない歴史の選択を可能とするであろう。

コラム 「アメリカン・ドリーム」の見直し

□このほど、アメリカ第四六代の大統領として、新しくジョー・バイデン前副大統領が就任した（二〇二一年一月二十日）。その緊要な課題は、まず国内の人種差別に揺れる深刻な分断の傷を癒し、さらに独善的な「アメリカ第一主義」を正して国際協調主義の再生を期すことであろう。他面、世界に広がる「ポピュリズム」の中で、新たに民主主義の再考と復権も重要な課題となろう。果たして、今後アメリカは、少なくとも希望にみちた国となり、また世界を照らす「灯台」となるだろうか。今日、大国アメリカに課せられた重責は大きいといえよう。

ところで、バイデン大統領は、その勝利演説で「アメリカの魂を取り戻そう」と呼びかけている。とくに、異なる歴史的な背景からアメリカに移住した人びとの胸中は、どのようなものだろうか。他方、アメリカの聖なる「独立宣言」のもとで犠牲を強いられた黒人やインディアンの人びとの痛恨の思いは、どうであろうか。

ことに、インディアンの場合は、アメリカの建国に先立つ先住民である。その、初期移民社会への貢献と経済的・文化的な影響力も無視できない。一方、周知のようにジェファソンの筆になる名高い「独立宣言」は、その冒頭に「すべての人間は平等に創られている」と謳っている。しかし、その「すべての人間」のなかに、大多数の黒人の、ましてアメリカ先住民であるインディアンの姿はない。ふと、日本の内なる「アイヌ問題」や「沖縄問題」を顧みて、その自足的な「一国日本史」観の影に思いを馳せる。

なお、一九九三年には、国連の「国際先住民年」と決定されている。これまで、不条理な運命をたどる先住民への関心も、しだいに高まりつつある。もっとも、大方の興味は、豪奢な「文明社会への問い」として、つましく自然と共生する環境思想や自然観に魅せられてのことであろう。今後の課題は、その一面的な美化だけに溺れるのでなく、先住民の心の琴線にふれる全体像の解明が必要であろう。

今日、新しいアメリカの旅立ちのまえに、再び「アメリカは可能か？」との問いが深まっている。あらためて、アメリカ史の「学び直し」は不可欠の課題となろう。トインビーの名著『アメリカと世界革命』は、きっと一筋の「導きの星」としての案内役をつとめるであろう。その、歴史的な叡智を秘めたメッセージに耳を傾ける意味は大きい。他方、今日の「危機のアメリカ像」をたどる精神的な原点について、あえて虚妄の言説として「独立宣言」を読み解く藤永茂氏の鋭い眼光と論著（『アメリカン・ドリームという悪夢』（三交社、二〇一〇年）も見おとせない。

二　トインビーの中国論――「未知の国」中国のゆくえ

アジアの将来とインド文明

まず、トインビーが新しい世界史の展望としてアジアの将来を考えるとき、最初に念頭においたのはインド文明であった。その着想とは、どういうものであろうか。今日、人類存続への悲願をこめた「世界国家」（世界政府）の創設は、火急の要請であろう。その場合、国家統治の必然性から「組織化と画一化」の強制が予測される。

しかし、人間の知性と良心、および意志と人格といった精神的な資質は、これまでつねに固定化されることを拒み、その抑圧に抗してきた。したがって、もし世界政府の実現をみた場合も、人間の真の自由と創造の場として、ふたたび宗教の役割がクローズアップされるであろう。いわば、念願の世界政府の存在を確かなものにし、さらに永続的なものにするためには宗教的な基盤の確立が不可欠である、とトインビーはみる。

このように、新たに世界政府の意味と機能を考えるとき、インド文明はその要請に応える豊かな源泉であった。インド系の宗教は、おおむね包容的で寛容の精神にとんでいる。ちなみに、インドの著名な経済学者であるアマルティア・センは、インド文化伝統の核心について、「議論と異論への寛容」をあげている。もし、世界政府という単一の世界が形成され、多様な民族、文明、宗教等が一堂に出会うとき、長くインドで培われた「おのれも生き、他人も生かす」という高い精神が有効となろう。今日、とくに核時代において、人間の存続が脅かされている。このインド系宗教がやどす人生の本質に対する深い洞察こそ、トインビーの心をインドに向けた最大の理由であった。

「中国の近代化」への疑問

ところで、晩年の一九七〇年代にいたり、トインビー思想の重要な転機が訪れる。いわゆる、世界史の未来に関する主導権の問題である。トインビーは、新しい「世界政府」の構想において、非西欧文明とりわけ「中国を基軸とする東アジア」に未来の望みを託している。その、インド文明からの「主題の変遷」は、どういう事情によるのだろうか。まず、トインビーの中国に関する文献から、その行き先をたどるとしよう。

トインビーは、中国について、かなり早い時期から言及している。古くは、『国際問題大観』（一九二五年）や『中国への旅』（一九三一年）といった著作がある。その当初より「西洋化」の波に立ち向かう中国民衆への信頼と歴史大国としての潜在能力が記されている。その後、『試練に立つ文明』（深瀬基寛訳、社会思想社、一九五二年）をへて、『現代が受けている挑戦』（吉田健一訳、新潮社、一九六九年）がある。とくに、後者の主題は「一つの世界」である。トインビーは、一九六〇年代から、人類存続への世界統合を考え、「中国問題」にも積極的に発言している。すなわち、世界史の主導権について、米ソの「現在の国」に替わる「未来の国」として中国を想定し、その歴史的な復権と将来性を語ることになる。

総じて、トインビーの中国論には「二つの主題」がある。第一の主題は、一九六〇年代に掲げた「中国の近代化論」である。歴史的にみて、第二次世界大戦後の「アジア・ナショナリズム」の風潮として、新たに「独立と自治」を獲得するためには、どうしても自国の近代化を図る必要があった。トインビーは、このような「近代化への決意」について、中国人の有能な潜在能力と歴史的な遺産から見て、十分成就されるであろうと観測している。ちなみに、西洋の近代

「ルネサンス」を可能にした「三大発明」、すなわち印刷術、火薬、羅針盤の発明は、いずれも七世紀から十二世紀にいたる中国人の発明によるものであった。その後、両者の確執は、広範にわたる中国の権益を西洋列強に牛耳られている、ことにあった。

他面、トインビーは、この近代化の前途に「ある疑問」を投げかけている。それは、中国の伝統的な意識である「ナショナリズム」との関連から、自己矛盾をやどす点である。一般に近代化とは、西洋の科学とその応用である技術を学ぶことからはじまる。いわゆる、「西洋化」の受託でもある。しかし中国史には、司馬遷の『史記』が明記するように、「一〇〇パーセント中国人でありたい」と願う民族感情が根強い。この、二つの相反する目標の調和は、じつのところかなり難しい。それは、中国の近代化をためらう、トインビーの第一の理由であった。

第二の主題は、より根本的な問題として、近代化の目標設定における「精神的な観点」の欠如である。たとえば、中国が科学技術の偉大な成果をおさめ、あるいは工業化の躍進によって世界制覇をなしとげたとしよう。しかし、そこに精神的な目標や支柱がなければ、かえって人間の暗黒面を露呈することになろう。現に、核開発競争や宇宙開発競争等は、その端的な事例である。これらの業績がのこしたものは、つまるところ人類破滅の恐怖であり、また米ソの政治的威信の発揚にすぎなかった。少なくとも、人類の連帯感を深め、また人間の生活を倫理的に向上させたわけでもない。ここに、トインビーは、中国の近代化がはらむ疑念と苦悶を指摘する。

「世界の半分」としてのアジア

以上のような、中国の近代化をめぐる分析と診断から、一九七〇年代のトインビーはむしろ六〇年代とは逆の視点から、新たに中国の未来を展望することになる。その主題は、二十一世紀の重要課題である「世界統合」と「脱工業化」という観点から、通常「漢字文化圏」として総括される「中国を基軸とする東アジア」への期待をこめたものである。

このようなトインビーの見解は、晩年の基本的な文献に見ることができよう。まず、『図説・歴史の研究』（桑原武夫ほか訳、学習研究社、一九七六年）がある。同書は、膨大な主著『歴史の研究』（全一二巻）を自ら縮小し、後世にのこすことを念じたものである。とりわけ、将来の中国に対する見通しについて、はじめて公に表明したことになる。その歴史的な着想は、トインビーの寄稿集『日本の活路』（松岡紀雄編、滝沢荘一訳、ＰＨＰ研究所、一九七四年）およびトインビーと池田大作氏との対談集『二十一世紀への対話』（文藝春秋、一九七五年）に詳しく論及されている。

とくに、後者の『二十一世紀への対話』(下巻、第二部・第四章)では、将来の「一つの世界」における中国文明(および東アジア)の主導的な役割について克明に論じている。その歴史的な検証と展望の眼差しは深い。いわば、トインビーの最終見解となる「現代中国論」を究める上で、その真意と全容を明かす貴重な文献ともいえよう。

つぎに、トインビーの主眼はどのようなものであろうか。それは、これまでの米ソ超大国による覇権主義と自己破滅的な先進工業国の限界を衝き、新たに「農工のバランス」と「生命圏の調和」を説いたものである。いわゆる、「中道」の理念を育む東アジア(中国、韓国、日本、ベトナム)の歴史的境位と知的遺産の現代的な再生を重視している。いまやトインビーにとって、東アジアは実際の地形的な限定をこえて、まさに「世界の半分」という歴史的な重みをみたすものであった。

なお、この主題を中心に編まれた論集として『トインビーの中国観』(山本新・秀村欣二編、社会思想社、一九七八年)がある。巻頭論文は、谷川徹三氏の「トインビーとラッセルの中国観」が飾る。私もその一隅に「世界史の再構成と中国文明」と題して、トインビーの中国論に論及している。なお同書は、まず中国で二種の訳本となって刊行され、また台湾でも大小二種の体裁をまとって翻訳されている。先方の知らせでは、多くの読者の脚光を浴び、版を重ねているとの由である。

その他にも、かつて中国の日刊紙「人民日報」（一九八九、四・二六）は、同書（『トインビーの中国観』）について長文にわたる論評を掲載している。いかにも、当時にみる中国の歴史的なジレンマを率直に伝えており、また現状に照らしても興味深いものがある。以下は、その日本語訳文による要約である。「いまや中国は、民族の共通な認識および理想と〈高度な現代化と工業化〉を一途に追求している。他面、世界的な生態系の破壊と脱工業時代の指標に照らして、中国の停滞性を新文明構築の〈有利なチャンス〉と見るトインビーの視点も無視できない」と報じている。

山本新・秀村欣二編『トインビーの中国観』

現に、一足先に工業社会の夢を果たした西側先進諸国は、いまや世界に広がる「地球環境問題」等の弊害から、深刻な危機に直面している。いわゆる、環境汚染や資源の枯渇さらには人間性の崩壊にいたる病が蔓延し、あらためて「二十一世紀の意味」が問われているともいえよう。その観点では、本来、脱工業社会の形成という課題は、西側諸国の反省および責務として自覚されるものであろう。

しかし、新しい文明の黎明は、つまるところ「遅れの有利さ」にたつ中国文明の歴史的な遺産と叡智に委ねられている、ともいえる。果たして、その内実はどうであろうか。まず、中国文明には、すでに長期にわたって体験した「世界国家」のモデルや「世界精神」といった政治的な資質がある。さらに、東アジアの伝統には、諸民族が共有する「自然との調和」といった文化的な資質にもめぐまれている。これらの要因は、新しい「東アジア共同体」への絆をつよめ、かつ平和裏の世界統合への道を拓くことになろう。それこそ、トインビーの「未来への期待」を導く指針となるものであった。

このような、トインビーの「中国・アジア観」は、世界史的な観察と洞察に富む文明変動論として注目されよう。いわゆる、新たに非西洋文明の比重をはかり、これまでの「西洋化」の帰結を読みとく上でも重要である。さらに、明日に迎える人類共同の「地球文明」の方位と可能性を問う貴重な示唆にみちている、といえよう。

もっとも、トインビーの東アジアへの期待は、往々に陥りやすい自画自讃ではなく、あくまでも「地球文明」の道標と関係性から解かれるべきであろう。少なくとも、文明の優劣関係に目をこらした、いわゆる「ヨーロッパ中心主義」の裏返しとしての「アジア・日本中心主義」への回帰を容認するものではない。ここに、あらためて現代のあやふやな論調にかんがみて、心に留めたい一事である。

「日中関係」とトインビーの提言

さいごに、今後の「日中関係」の展望と課題について一考しよう。トインビーは、三度目の来日（一九六七年）の際、「日中関係の回顧と展望」と題する講演を行っている。かつて吉田茂元首相を会長とする「アジア調査会」主催の講演会（帝国ホテル）である。その折、とくに強調されたのは、「中国の歴史認識」への配慮と「中国の国際的復帰」への努力である。中国の歴史認識は、近代史を染めた西洋列強による犠牲を最大のモチーフとしている。その歴史的な苦悩を受託する道義的責任が、まず日本に求められよう。

さらに、中国の「光栄ある孤立」の真意をくみ、日本こそ理解と協力の手をさしのべ、新しい国際協調への提携を図ることが重要である。いわば、これまでの「受けとる側」から「与える側」に転換する日本の賢明な選択である。それは、中国のみならず、世界的な貢献への道を開くことになろう、とトインビーは進言する。その講演記録は、『アーノルド・J・トインビー博士講演記録　第一二集』（アジア調査会、一九六七年）として刊行されている。

この講演は、公式の「日中共同声明」（一九七二年）に先立つものである。ここに表明されたトインビーの提言は、国際社会のイメージが悪化する中国の現状にのぞみ、またアジア・太平洋地域の「開かれた地域主義」が志向される中で、あらためて検討すべき内実をふくんでいる。

もとより、日本人の世界認識として、これまでの「近代主義の陰」として付きそうヨーロッパ偏重を自省し、またアジアの新しい価値体系と可能性を地球的な次元でひも解く上でも、つきない教訓を秘めているといえよう。

コラム　**「未来の大国」中国の翳《かげ》り**

□このほど、中国・北京で「全国人民代表大会」（全人代）が開かれた（二〇二一年三月五日）。

その冒頭を飾る李克強首相の挨拶は、いち早くコロナ禍を克服し、「主要国で唯一〈プラス成長〉を実現した」ことをアピールしている。その折に示された「予算案」で注目されるのは、過去最大ともなる「中国国防費」の増強である。現在、アメリカに次ぐ「世界第二位」である。その米中双方の不信が招く「軍拡競争」は、国際社会の平和と安定を崩しかねない。古来、中国では、兵書として有名な『孫子』がある。いわゆる、「戦わずして勝つ」ことを理想としたはずである。

また、最近にみる中国の「強権統治」と「強硬外交路線」は、アジア周辺諸国の不安と警戒心を高めている。とくに、香港にみる「高度な自治」の保障や「一国二制度」の制定は、国際的な対外公約でもある。その破綻は、周辺地域だけでなく、世界の軍事的な緊張を高めることにもなろう。

総じて、現代中国は、アメリカとの覇権対立が影を落とす中で、一途に工業化による「経済成長」と武力を誇示する「軍事大国」の道を邁進するかのようである。最近、中国政府が打ちだした「宇宙強国論」も、その線上にあろう。また、その底流に、内向きな強国化を支える「ナショナリズム」の亡霊も漂う。それにしても、最近習近平国家主席が表明した「脱炭素宣言」（CO_2・排出実質ゼロ）は実現できるのだろうか。現在、中国をとりまく国際環境は、かつてない厳しいものがある。真の「未来の国」中国の発展は、本来自らの扉を閉ざすことでなく、広く国際社会との対話と信頼の上に築かれるものであろう。

晩年のトインビーが熱く説いた「中国への期待」は、まさに逆境の試練にたついまこそ、心新たに傾聴すべきであろう。

三　「日本国憲法」(第九条)に寄せて――人類の「希望の光」として

片山哲元首相へのインタビューから

かつて、日本における「文化ＮＧＯの先駆」と称された「トインビー・市民の会」は、定期刊行物として『現代とトインビー』(会誌)を発行していた。ときに、「有望な学術誌」とも、また「永久の保存版」とも評され、広く海外にも紹介された。その新企画として、「トインビーを語る」という一連のシリーズを設けたことがある。いわゆる、トインビーに造詣の深い政・財界人を訪ね、その真摯な思いを聞きとるという趣向である。

まず、第一回を飾るインタビューの相手は、片山哲元首相である。私は、ちょうど「会誌」の編集責任を務めており、本会代表理事の高品増之助氏に同行して、藤沢・鵠沼のご自宅を訪問(一九七六年)した。片山氏は、本会創設の推奨者であり、その後の顧問でもあった。その折、話題の中心となったのは、まさに「日本国憲法」(第九条)についてである。ここに、今日の憲法論議にも資する貴重な証言として、まずその一部(原文)を再現しよう。

吉澤　いまわが国では、「改憲・護憲」という形で憲法論議が多様化し、混迷の様相を呈しています。この点について、護憲運動の先達でいらっしゃる立場から、まず、ご感想はいかがでしょうか。

片山　私は、これからの世界は、究極的に「平和と戦争」が対立すると思うんです。原子兵器の登場によって、戦争の意味が非常に変わってきた。平時国際法も、戦時国際法もなくなってきた。だから、戦争を放棄した憲法を研究している我々としては、とくに「戦争放棄」ということは、歴史的に非常に大きな出来事であると考える。今日、とくに戦争の意味を研究し、将来の「戦争なき社会」を考えることが重要ですね。そういう意味で、「護憲」ということを超党派的に、政党を離れて真剣に考えてもらいたい。

吉澤　トインビーは、一九六七年に、三度目の来日をとげています。その折、「日本国憲法・九条」は大変歴史的なものであり、その放棄はもっとも危険であると明言しています。と申しますのは、先ほどお話がありましたように、原子爆弾の発明と使用によって、戦争の前提条件や性格が根本的に変わりました。その破壊性と非人間性も極限に達しています。したがって、これまでの「戦争によって事を解決する」という伝統的な手法の放棄は、日本だけでなく世界的にも大変歴史的なことであり、人類の「希望の光」である。トインビーは、このように憲法九条を高く評価しているのですが、いかがでしょうか。

片山　私も、トインビー博士に平素より敬意を表している一人です。ただいま、そういう考えをされているという事をうかがいまして、深く感銘します。前に述べましたように、将来は「平和か戦争か」の対立ということが、歴史的な運命となり、課題となると思うんです。皆さんも、十分に「憲法九条」の研究と分析をやって、とくに「前文」の含蓄深い文章を大いに検討してください。

　私の考えでは、前文には、日本国民は正当に選ばれた代表者を通じて政治をすること、また戦争の惨劇が再び起こらないようにするために、主権が国民にあることが宣言されていると思うんです。すなわち、「民主主義、国民主権、戦争放棄」のことが書いてある。それは、将来の「世界の憲法」の根底をなして、人類の滅亡を防ぐ意味で大変重要である。トインビー博士の精神にも、きっと達するものと思います。

当日、長時間にわたり、しかも病身を押しての片山元首相の「平和へのメッセージ」は、いまもって忘れがたく深く脳裏にやきついている。なお、「会誌」（『現代とトインビー』三三号、一九七六年）に収録された同インタビューのタイトルは、「憲法第九条の評価に深い感銘」であった。

「日本国憲法第九条」とトインビー

では、トインビーが語る「日本国憲法」論とは、どのようなものだろうか。まず、基本的な文献として、トインビーの見解（全文）を収めた『地球文明への視座―トインビー現代論集』（秀村欣二・吉澤五郎編、経済往来社、一九八三年）がある。同書は、これまで代表的な新聞社の依頼に応じて寄稿した論説（六〇編中の三〇編）をテーマ別に分類し、一書にまとめたものである。いわば、トインビー思想の現代的な全体像を浮彫りにした独自の論集といえよう。とくに、その第一章「日本の印象と期待」（第八節）のタイトルは、文字通りの「日本国憲法第九条と私」である。

トインビーの見解は、当時の「現行憲法」批判の一部動向を承知しながらも、その「押しつけ憲法論」をこえる世界史的な意義を強調している。申すまでもなく、日本は一九四五年の降伏時に、むなしい「軍国主義の破産」と「原爆最初の犠牲者」という二つの「深刻な体験」をしている。それだけに、新たな「平和憲法」への願望は、偽らざる日本人の自然な心情でもあろう。
じじつ、「日本国憲法」の成立過程に加わった佐藤功氏（憲法学）は、最初に「憲法草案」を見たときの「鮮烈な印象」を忘れがたい、としている。この憲法は、たんなる「書物」ではなく、実際に「国民主権」、「基本的人権」、「平和」という言葉を書き込んでいる。その感動は、個人的な思い出に留まらず、一つの「国民的な体験」であったと述懐している（『現代とトインビー』、第三七・三八号、トインビー・市民の会、一九七八年）。その憲法の重みを、今日の憲法を知らない若い世代にどう伝えるか、今後の大きな課題でもあろう。

トインビーも、日本にとって、とくに歴史的な「戦争放棄」の決意は、現下の核時代における「もっとも賢明な選択であった」と、讃えている。総じて、トインビーの日本観察は、広く歴史的な知見に富み、かつ現実の国際政治等の機微にも通暁して啓発的である。今日、新たな平和価値の定立と実践こそ、人類生存の最大の課題であり、また必須条件であるといえよう。

ところで、このようなトインビーの「日本国憲法」観について、とくに憲法学者として名高い小林直樹氏の論評は、その真実にせまる秀逸なものである。その文献の主題は、まさに、

「トインビーの平和観――日本国憲法九条を中心として」と付されている（『人間と文明のゆくえ』秀村欣二監修、吉澤五郎・川窪啓資編、日本評論社、一九八九年、所収）。

「地球憲章」への呼びかけ

小林氏は、広く二十一世紀の世界史的な展望として「平和の問題」に関心をよせ、とくにトインビーの「日本国憲法・九条」論に注目する。今日、「核の時代」における人間の運命とそれにかかわる「平和と戦争」の問題は、最大の焦点となろう。まず、トインビーへの論究として、つぎの「三つの側面」から検討している。第一は、第九条の意味とその成立の必然性である。第二は、第九条の歴史的な意義と現実的効用である。第三は、反九条的政策への批判である。

とくにトインビーは、日本の平和憲法について「日本人にとって非常に大きな資産である」とし、さらに「人類の不安定な未来に投げかけられた希望の光」としている。まず小林氏は、その世界史的な意義と現実的な効用を重視し、広範にわたる歴史的な検証から、その妥当性を裏書している。むろん、この「憲法九条」という特異な条項について、一種の偶然的な要素を見ることもできよう。しかし、人類主権という「世界連邦」の確立に向けて、最初の巨歩をしるした功績は遥かに大きい、といえよう。トインビーは、その基本的な方向性において、やはり「卓出した世界史家」としての正しい認識を示している、との見解である。

小林氏は、さいごにトインビー評として、「第九条」が人類の叡智の所産であることを端的に証言してくれた「歴史の証人」としている。そのトインビーの肖像は、人類の理性的な選択を明確にした「代表的な知性人」の一人として、かつてのラッセルやアインシュタインと並び称されるものであった。日本の卓抜な憲法学者として、小林氏がトインビーによせる信頼と敬愛の念は深い。

現に、国際的な平和と軍縮を求める機運の中で、あらためて日本の「平和憲法」への関心も高まっている。とくに、「第九条」（戦争放棄条項）に対する評価は高い。その発端は、水爆実験に抗議した有名な「ラッセル・アインシュタイン宣言」（一九五五年）であろう。この宣言には、他に九名のノーベル賞受賞者が名を連ねている。日本の湯川秀樹氏も、その一人である。

さらに、その精神は世界の著名な科学者の間にも広がる。いわゆる、「核兵器廃絶」を訴える「パグウォッシュ会議」（カナダ、一九五七年）の開催である。他方、国際的な関心をよせる代表的な知識人の一人として、ときにトインビーの名前が登場したりする。また、ノーベル生理学医学賞を受賞したセント・ジョルジをはじめ、その賛同者の名士は枚挙にいとまがない。

他面、周知のように、第二次世界大戦後に「国際連合」（一九四五年）が発足している。その背景には、二十世紀の二度にわたる凄惨な戦争への反省がある。その設立目的は「国際的な平和と安全の維持」（「国連憲章」第一条）である。ちなみに、国連を象徴する「紋章」（エンブレム）は、平和の象徴である「オリーブの枝」が世界地図をとり囲んでいる。

他ならぬ「日本国憲法」（第九条）は、その「国連憲章」が謳う世界平和への「先駆的な表現」である、ともいえよう。すなわち、その第一項で「戦争排除の原則」を示し、第二項で「戦争手段の放棄」を求めている。まさに世界の憲法史上、画期的な平和へのメッセージである。

その後、日本では、あらためて激動する世界に「憲法九条」を輝かせようとの主旨のもとに、有識者による「九条の会」（二〇〇四年）が設立されている。その「呼びかけ人」の一人である梅原猛氏（哲学者）は、「憲法九条」の源泉として、仏教の「不殺生」の思想を内包するものとして重視している。その精神的な遺産こそ、人類が核戦争を避けるための重要な指針になる、との信念である。

ここで、アメリカで「九条の会」を創立し、その世界的な普及に挺身したチャールズ・M・オーバビーの名を逸することはできない。その著作に、『平和への呼びかけ――日本の戦争放棄の憲法の意義』（英日対訳版名『地球憲法第九条』、國弘正雄訳、講談社インターナショナル、一九九七年）

がある。まず、本書を飾る「序文」の口上は、「この青い緑の星を守るために『憲法第九条』を世界中の人たちにささげます」と謳われている。もとより、著者の熱き発言に聴くべき点は多い。果たして、当事者の日本は、この「無限の価値」をどのように生かし、世界に呼びかけようとしているのだろうか。今日、その新たな自覚と責務は重いといえよう。

なお、小林直樹氏の著作は、これまで「憲法九条」に限っても、初期の『憲法第九条』（岩波書店、一九八二年）をはじめ十指をこえる。その最新作（遺著）は、自ら戦争体験者として痛恨の歴史を綴った大著『平和憲法と共生六十年――憲法第九条の総合的研究に向けて』（慈学社、二〇〇六年）であった。ひとこと付言すれば、その表紙カバーの装丁は、パブロ・ピカソの代表作の一つ「ゲルニカ」（タピスリー）である。申すまでもなく、世界に慟哭《どうこく》をあたえた「スペイン内戦」（一九三六―三九年）に遭遇し、自ら体験した戦争の凶暴性と人間の悲惨を描いた「代表作」である。

世界の平和と「希望のそよ風」

これまで、あたかも「人間の原罪」かのように繰り返される戦争の惨禍は、これからもなくならないのだろうか。さいごに、世界平和への「希望のそよ風」として、「ユネスコ」（国連教育科学文化機関）の「セビリア声明」（一九八六年）に心を澄ましたい。もっとも、不幸にして、一般にはつい最近まで知られざる「幻の声明」でもあった。

この声明は、「国連・国際平和年」（一九八六年）の活動の一環として、「ユネスコ」がスペインのセビリアで開催した国際会議で起草したものである。その前史ともなる、国際的な専門家チームによる共同研究「脳と攻撃性」の貴重な研究成果でもある。その後、一九八九年の「ユネスコ総会」で正式に採択された。今日、ユネスコは、その普及活動につとめている。

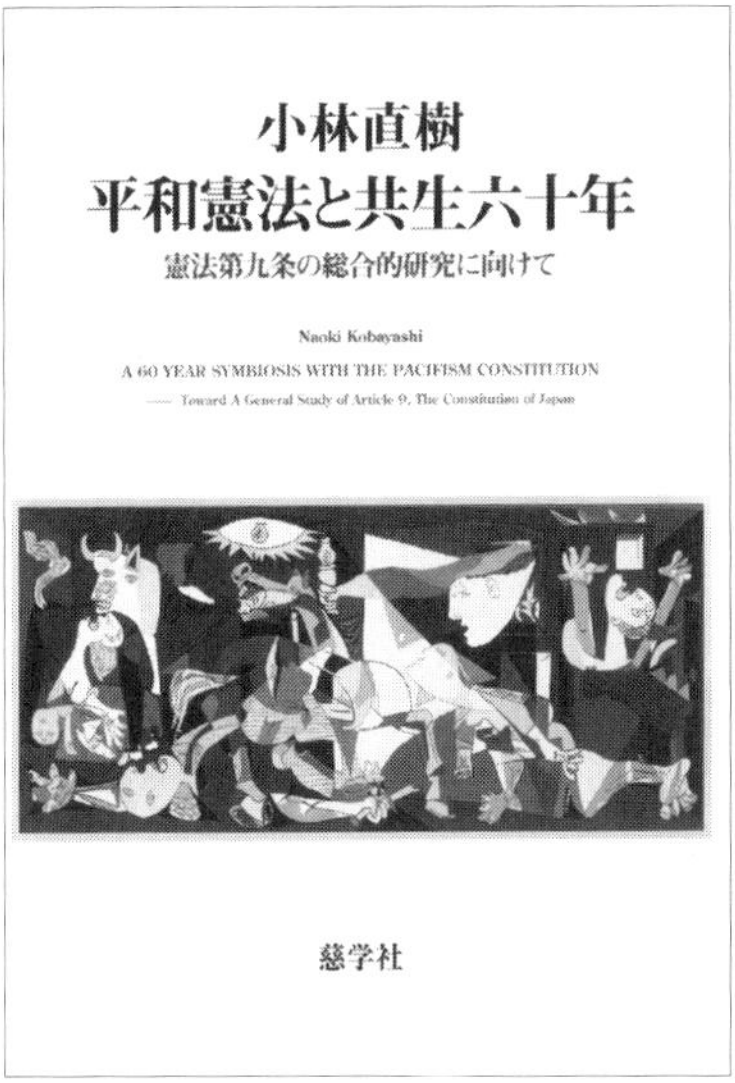

小林直樹著『平和憲法と共生六十年　憲法第九条の総合的研究に向けて』

ところで、この大きな波紋を呼んだ「セビリア声明」の意義とは何だろうか。その声明には、まず「私たちは、戦争・暴力は人間性に内在しており、それゆえに不可避と主張する神話を一掃しなければならない」と言明されている。その意義は、「戦争は人間の本能か」と問いかけながら、もっとも新しい科学的な論拠から「戦争が生物学的な必然でない以上、平和は可能である」という、新たな命題を明示したことである。すなわち、これまで「戦争と暴力」の正当化に利用されがちだった「生物学的発見論」への科学的な挑戦である。あるいは、人間性に関する「生物学的悲観主義」の明確な否定ともいえよう。

総じて、「戦争は人の心の中ではじまる」(「ユネスコ憲章」前文)のと同じように、また「平和も私たちの心の中ではじまる」といえよう。いわば、「人間」(ヒト)という同じ種の営みとして、一方で戦争を発見した種は、また他方で平和を発明する種ともなりえる、といえよう。申すまでもなく、その未来の明暗を分かつ「責任」は、私たち一人ひとりの自覚と行動にかかっている。いま、あらためて全人類的な「地球文明」の窓を開く心の糧として、とくに「セビリア声明」がつむぐ「希望のそよ風」にふれる意味は大きい、といえよう。

コラム

「核兵器禁止条約」と市民の祈り

□今年(二〇二一年)は、「日本国憲法」が公布されて七五年を迎える。新たに、「コロナ禍の記念日」として、現行憲法が掲げる「普遍価値」の問題が、たとえば人権や自由また生存・生活権といった問題が身近な関心事ともなった。他方、恒例の「憲法」を中心とする各新聞社の「世論調査」も実地されている。その重要な論点として「憲法九条」の問題がある。調査結果は、およそ「改憲か護憲か」の設問でほぼ二分され、また「九条」の賛否では「改正反対」が半分を上回っている。近年を通じても、およそこの傾向に準じるといえよう。

　周知のように、今年一月には、国連で「核兵器禁止条約」（ＴＰＮＷ）が発効された。いわゆる核兵器の保有や使用を、いかなる例外もなく全面的に禁止した初めての国際条約である。核兵器史上、その「違法性」が指弾され、核廃絶への大きな一歩を踏みだすことになった。しかし、アメリカの「核の傘」に依存する日本（政府）の姿は、そこにない。

　とくに、その成立過程において、被爆者はもとより、核廃絶を希求する国際世論や一般市民・若者たちが果たした役割は大きい。ちなみに、国際ＮＧＯの「核兵器廃絶キャンペーン」（ＩＣＡＮ）は、二〇一七年の「ノーベル平和賞」を受賞している。いまや、現代史の改宗として、人類史上の戦争を「悪」とする明確な価値判断が下されたといえよう。とりわけ、唯一の戦争被爆国として、日本の自覚と責任は重い。あらためて、広島の慰霊碑に刻まれた「安らかに眠って下さい。過ちは繰返しませぬから」という「誓いの言葉」を胸に刻みたい。

□新設の「総合人間学会」（小林直樹会長）主催によって、「戦争と人間」を総合テーマとするシンポジウム（二〇〇九年）が開催された。その折のパネリストとして、板垣雄三（歴史学）、山極寿一（霊長類学）、堀尾輝久（教育学）等の諸氏とともに、私はトインビーの「戦争論」をくみこむ「戦争と文明――〈文明の衝突〉を超えて」と題して報告を行った。そのシンポジウム記録は、『戦争を総合人間学から考える』（総合人間学会編、学文社、二〇一〇年）に収録されている。

四　「未来世代」へのメッセージ――トインビーの「遺言」から

「若い世代」との対話

いわゆる、「世代の断絶」という問題は、とくに一九六〇年代の後半からアメリカや日本をはじめ、ヨーロッパ諸国にわたる世界的な傾向として脚光を浴びた。その現象は、先進諸国での「豊かさの中での反逆」という異常性のゆえに、多くの知識人や歴史家の注目を引くことになる。トインビーも、その新しい波に大きな関心をよせ、心を痛めた一人であった。

この、若い世代に対するトインビーの見解は、晩年の著作『未来を生きる――トインビーとの対話』（アーノルド・トインビー―若泉敬、毎日新聞社、一九七一年）および『続・未来を生きる――トインビーとあなたとの対話』（同、一九七一年）の中に、もっともよく表明されている。ちなみに、この源流となる両氏の「対話」は、かつて毎日新聞紙上に長期連載（全九七回）され、刊行後も一般読者の大きな反響を呼んだ。その後、文庫本（講談社、一九七七年）および英語版（オックスフォード大学出版局、一九七一年）として出版されている。

なお、この新たな「対話」のプランは、トインビーと親交のある若泉敬氏の発案によっている。当時の、いわゆる一九六〇年代後半に世界を席巻した「大学紛争」を背景としたものである。トインビーにとって、学生の激しい「異議申し立て」には、たんなる「世代の断絶」をこえる現代文明の病がひそんでいるように思えた。とりわけ、危機の時代には、その底流にある本質的な問題の解明が不可欠であろう。この混乱期に、広い視野から「人類が生き残る」ための基本的な問題を語ることは、むしろ歴史家の義務であるとも考えられた。このようなトインビーの着意が、若泉氏との「対話」の扉を開き、異例ともいえる本書刊行の牽引力となったといえよう。

この「対話」を前にして、トインビーはつぎのように語っている。すなわち、「これがこの種のまとまった仕事としては最初で最後のものとなるでしょう。自分としては、このために非常な意欲を燃やして、最善の準備をしたつもりです」（前著「若泉氏の序文」）。

じつは、トインビーがこの「対話」にのぞんだときは、折悪しく病後でもあった。全体の予定として、一週間・延べ一七時間にわたる日程は、心身ともに相当の犠牲を強いることになる。しかし、その間トインビーは、他の一切の面会を断り、この若い世代への「遺言の書」に全力を傾けた。その折、すでに八十歳をこえる高齢である。まさに、生涯をかけて人類の未来に思いを馳せ、とくに次代を担う若い世代の将来に共感と理解をよせるトインビーの姿は感動的である。

ところで本書の主題は、その「原題」が示すように、「未来に生き残ること」である。いわゆる、激変する現代社会の分析と未来の見通しが中心となる。まず、冒頭の「今日の生きがい」をはじめ、最終章の「若い世代への期待」にいたるまで、広範にして多彩な問題点が討議されている。

原題『Surviving the Future（未来に生き残ること）』

そこには、今日の切実な疑問に対して、誠実にしかも普遍的に高めて答えようとするトインビーの真摯な姿が見える。一読して、本書は簡潔にして要をえており、最適の「トインビー入門書」ともなろう。

トインビーの人生論と仏教

本書のおもな論点として、まず「今日の生きがい」（第一章）の問題がある。トインビーは、人生の究極的な目標として「愛すること、叡智を働かせること、そして、創造すること」（for loving for understanding and for creating）をあげている。原文では、この「三つの目的」を遂行するためには、たとえ自己犠牲をともなうにしても、全精力を捧げる努力が必要であると述べている。当時は、一種の流行語として浮上した有名な一句である。ところで、これらの徳目は、本来どういう意味を秘めるのだろうか。ここでは、おもに「逆光の真理」として、とくに仏教の教義とも響きあう「関係縁起」の視点からひも解いてみたい。

第一に、トインビーが語る「愛」についてである。ちなみに、キリスト教（「新約聖書」）の中心となる観念は「愛」（アガペー）である。とくに、イエス・キリストの「受難」に象徴されるような「神の救済」ともいえよう。身近に見れば、人間の関係性を導く規範として、たとえば「連帯、自己犠牲、弱者との共生」等の諸相をふくんでいる。今日、何かと人間不在の閉塞感が漂うなかで、あらためて「無私の愛」を育む本来の愛の発現が求められている、といえよう。仏教の用語に照らせば、さしずめ「慈悲」の精神に相当しよう。いわゆる、通常の自己中心的な欲望と異なり、「他者の苦しみを、まさに真の友人のことのように感じ、共感してこれを救う」との主意である。和語では「いつくしみ」と表現され、「他者の痛みを我がことのように共感する温かい心」（中村元氏）とも解される。いわば、一切の生類にも働きかける「四《し》無量心《むりょうしん》」の心得ともいえようか。その根底に、自己犠牲の精神と行動による「他者救済」として、究極の「菩薩心」をみとることもできよう。

第二に、「叡智」についてである。仏教用語に照らせば、さしずめ「叡智」（般若智）に相当しよう。いわゆる、日常的な知恵とはことなり、「物事を正しく捉え、真理を見究める認識力」との主意である。その知力は、仏教徒の理想および目標である「悟り」にいたる道程として、正しい真理と道筋の識別および推進を先導するものであろう。

第三に、「創造」についてである。ひとまず、仏教用語の「精進」に相当しよう。いわゆる「精魂こめて目的に向かって先進する」との主意である。周知のように、仏教の前提として、セム系宗教のように「創造神」を祀ることはない。一般に、世界の始原に関する議論は、とくに「無記」として深入りしないのが通例であろう。しかし、大乗仏教では、至高の「悟り」の構造として、自らの理想に向かう心の変容と、この世を理想郷（仏国土）に変える「創造への努力」を説いている。

一試論として、このように「トインビー思想と仏教の対話」を検討してみた。その心の波動に、等しく人間性に通底する問題として、その深層に響きあう「聖なるものの普遍性」を聞きとることもできよう。今後、新たな「宗教間対話」の道標として、トインビーも示唆するように（『一歴史家の宗教観』第一九章、一九五六年）、まず宗教的な遺産の「本質的なもの」と「非本質的なもの」を区分し、さらに、諸宗教の相互協調と交流の道が稔ることを期待したい。

学生運動とヒッピーの旅

また、つぎの論点として、「若い世代への期待」（第八章）がある。この問題は、本書の核心をしめている。当時、社会の全般にわたる加速度的な変化と新たな挑戦は、とりわけ若者に深刻な不安と苦悩をあたえている。その「怒れる若者」に対して、トインビーの同情と信頼の念は深い。たとえば、シェイクスピアの「こんな世に生まれあわせて、それを直す務めを負わされるとは」と嘆くハムレットの苦悶や、聖フランシスコの異色な「ヒッピー物語」等を引用しながら、彼らを励ましている。

トインビーは、まず基本的な問題として、現代社会のひずみとなる「三つの断絶」を提示する。すなわち、「道徳」、「文化」および「世代間」上にみる大きな断層である。いずれも、人間の奢りにみる深い社会的な亀裂と心をふさぐ陰影である。とくに、現代文明の根本的な課題として、三者をつなぐ総合的な視点と解明が必要であろう。

一般に、「急激な社会変動」という時代の動的条件は、断絶の諸相をより鋭い形で浮彫りにする。すでに、社会学者のK・マンハイムが示唆するように、平和で変化の少ない社会条件では、若い世代の間に敬虔の感情が生まれ、社会への順応過程がみられる。しかし、すべてが急激に変化する時代条件では、逆に若い世代の反逆が噴出し、やがて深刻な対立を露呈する。ここでは、もはや「長い経験」や「多くの知識」といったものが、かならずしも功を奏さない。他方、旧世代の独善感がくずれ落ち、やがて対立の溝を深めることになる。

ちなみに、当時の社会情勢は、世に「脱工業化社会」、「高度産業社会」、「情報化社会」とさまざまに命名され、わが世の春を謳歌していた。まさに、文明史上の大変動期に遭遇していた、ともいえよう。果たして、その「断絶」をこえる道はあるのだろうか。

トインビーは、まず今日の「世代の断絶」を生みだした歴史的な背景を分析し、独自に「道徳上の断絶」（モラリティ・ギャップ）という視点から解明している。いわゆる、人間生活における物質的な側面と精神的な側面との不調和の問題である。それは、現代にみる危機の本質であり、その増大は人類を破滅に誘う最大の要因でもある。申すまでもなく、人間は、この地球という惑星の「生物圏」をこえることはできない。また、地球の空間と資源は有限である。その意味で、生来の自己中心性を克服し、とくに「物質的な富」から「精神的な富」への目標の転換が重要である、とトインビーは診断する。

　このような「新しい挑戦」を受けた若者たちの行動について、トインビーの見解はどうであろうか。若い世代の反逆は、とくに世界的な注目を浴びた学生運動とヒッピーの旅に象徴されよう。いかにも、相反するような両者の間にも、ある共通の精神的な脈動と方位をみることができる。トインビーの観察は、彼らの熱き心情にふれて興味深いものがある。

　すなわち、彼らは、今日の強大な「統合国家」の重圧のもとに、とくに「アイデンティティ」（自己の存在証明）を確立すべき貴重な青年期を不当に歪められた、と感じている。彼らの思想の根源には、現代社会の組織化と機械化に対する「人間としての反逆」があり、新たに「人間の復権」への希求がある。少なくとも、人間らしさとは一体何であり、人間らしく生きるためにはどうすればよいか、との根源的な問いをみることができよう。

「聖フランシス」のヒッピー物語

トインビーは、このように学生運動とヒッピーの象徴的な意味にも留意しながら、その問題点と方位についても再検討する。いわゆる、トインビーの語る「聖フランシスのヒッピー物語」は、きっと人びとの心の窓を開き、深遠な旅路に誘うことだろう。この物語は、そのエピローグ（終幕）が重要である。すなわち、「聖フランシスは、ヒッピーとして出発したが、ヒッピーとして終わらなかった」とトインビーはいう。

彼は、イタリア・アッシジの裕福な織物商の家に生まれた。その後、父親の物質主義に対しての抗議から放逸と快楽の青年時代を送っている。しかし、やがて新しい精神生活を築くことに成功した。すなわち、聖フランシスは、キリストに倣って「清貧と愛」の道を生きることを決意した。その霊的な道行きは、世界平和への祈りと、すべての生命を慈しむ「自然への讃歌」でもあった。さらに、後代には、一宗門をこえる大きな社会的貢献とともに、芸術の諸分野にも新しい息吹きと数多くの名作を生んでいる。当初の個人的で消極的な動機は、やがて普遍化され積極的な意味を担うことになる。

すなわち、聖フランシスは、東西古聖の釈迦やキリストとともに、人類の正しい指針と理想の範を自ら示している。また、彼の創始した「フランシスコ会」は、西欧の修道院に新しい生命を吹きこみ、西欧社会の発展に創造的な貢献を果たすものであった。このトインビーの観点からみるとき、やはり通常の「若い世代の反逆」について、その致命的な欠陥を見ないわけではない。

さいごにトインビーは、今日の「世代の断絶」に対して、その責任と和解の方途について展望する。一般に、「世代の断絶」という問題は、世代を異にする者たちに課せられた「責任」の問題であり、また来るべき世代に対する「義務」の問題である。概して、文明や社会の混乱期には、新しい動向の逸脱や退廃の部分に目をとめやすい。それだけに、他者をきめつける断罪意識や論難に暮れるのでなく、不穏な事態を前向きに解決する聡明な努力が必要であろう。まず責任の所在について、トインビーは、怒れる若者を叱責する前に、大人の現存世代の責任を追及する。とくに混迷の時代には、ことさら真実から目をそむけ、また事態の改善のための努力を怠り、たとえ努力したとしても不徹底でしかなかった体制側にある「大人の世代」がまず自ら反省すべきであろう。もっとも、その大人の責任も無限に問われるべきではない。

新たに「世代の断絶」を和解に導くには、やはり大人の世代が「理解と愛情と忍耐」をもってのぞむべきである。相手の苦悩と価値観をできるだけ理解するようにつとめ、自ら共存の道と可能性を工夫すべきであろう。トインビーとしても、その和解の成就に定かな確信をもつものではない。自ら、愛の不完全さも自覚している。しかし、相手の苦悩への思いやりを基調とする「相互の愛」こそ、真実の和解への道であることを強調する。

今日、人類史上の大きな転換点にある。私たちの現存世代は、これからの若い世代に、さらにまだ生まれぬ「未来世代」に対して、果たして「美しい地球」を保障できるだろうか。いま、一人の地球市民として、また日本文明の在りようとして、まさに未来への想像力と自己変容の途が問われている、といえよう。

トインビーがのこした「遺言の書」は、いまだれしも避けられない「世代間倫理」の問題として、新たな重みをもって甦るであろう。

コラム　いま「だれ一人取り残さない」ために

□今日、新たに「国連総会」（二〇一五年）で採択された「持続可能な開発目標」（ＳＤＧｓ）が、世界の注目をあつめている。とくに、先の見えない「混迷の時代」において、人類が目指すべき共通の価値観と具体的な行動プランを映しだした意味は大きい。とりわけ、これから未来を担う若い世代の関心も高まっている。申すまでもなく、今日にせまる「グローバル危機」の代償は、他ならぬ「未来の自分」が背負う現実の問題でもあろう。

現に、一連の「気候危機」や「環境危機」問題等を解決するには、巨額な公共資金が不可欠である。さらに、想定外の「新型コロナウイルス」の財務リスクが追い討ちをかける。ところで、現在その復興資金の財源は赤字国債に頼っている。いわば、膨大な環境負債は、そのまま次世代に先送りされることになる。本来、次世代に贈るべき「未来への投資」は、すでに枯渇をみているともいえよう。

果たして、国連が掲げる「だれ一人取り残さない」という崇高な理念は、間もない二〇三〇年の「約束の日」までに実現できるだろうか。まさに、前代未聞の難題を負って、かの「ハムレット」（シェイクスピア）の嘆きならずとも、未来世代の「不安と苦悩」は深いといえよう。

□本章の主題「世代の断絶」に関する「注目の書」として、『未来世代の権利――地球倫理の先駆者、Ｊ‐Ｙ・クストー』（服部英二編著、藤原書店、二〇一五年）がある。同書は、すでに海洋学者として名高いクストーが拓いた「地球倫理学」の命題として、新たに「未来世代の権利」を宣言している。とくに、「母なる地球」という宇宙的な観点と倫理的な要請から検証した異色作である。ちなみに、今日論議される「地球環境問題」の道標は、他ならぬ「海の使者クストー」と「陸の使者トインビー」が邂逅する「未完の対話」にある、ともいえよう。

この、クストーが提起した「未来世代の権利」宣言は、その後「ユネスコ」の「未来世代に対する現存世代の責任宣言」（一九九七年）に架橋され、さらに有名な「文化の多様性に関する世界宣言」（二〇〇一年）を導く源泉ともなった。いずれも、「二十一世紀の指標」に関する意志表明として重要である。

なお、「同書」の新展開として、クストーの盟友・服部英二氏の近著『地球倫理への旅路――力の文明から命の文明へ』（北海道大学出版会、二〇二〇年）がある。今日の「時代の暗闇」を照らす「希望の書」として、その世界的な発信と叡智に学びたい一書である。

第三部

トインビーを語る

一　〈対談〉アーノルド・トインビー逝く

山本 新／吉澤五郎

異例の好日家・トインビー

吉澤　昨日（一九七五年十月二十三日）、私たちはトインビーの訃報に接しました。トインビーにかかわるものとして、やはり感慨新たなものがあります。山本先生は、とくにトインビー研究の先達として、また第一人者として、長年優れた研究をなさっています。世界的にも、その先端的な位置にいらっしゃる。まず、そういう意味で「トインビーの死」にどのような感想をおもちでしょうか。

山本　じつは、昨年の夏頃からトインビーは体が悪く、今年のはじめまで寝たきりである、ということを聞いていたわけです。ですから、トインビーの死は「寝耳に水」のことではなく、いつその「最後の日」が来るかということを恐れていたわけです。

トインビーは、これまで日本に三度訪れている。一度目は、あまり日本人に知られなかった。しかし、二度目と三度目は非常な大歓迎をうけている。さらに、晩年には、日本人を相手にした対談を二つ、三つとしている。いわば、異例な日本への傾倒、また逆に日本人のトインビーへの傾倒というのがありました。じつは、私のところに訃報の第一報が届いたのは、新聞（朝刊）の締め切り間近の夜の十一時半頃です。にもかかわらず、翌日のどの新聞も第一面の主要記事として、しかも相当に紙面を割いて死を悼んでいる。やはりトインビーは、日本人にとって大きな存在であったと思われます。

　われわれとしては、その死を悼むとともに、その業績は何であったかということを確かめる。さらに、身近に東アジアや日本との関係はどうであったか、を考えなければならないと思います。

吉澤　かつてトインビーは、第一次世界大戦で、オックスフォード大学時代の多くの友人を亡くしています。それ以降、無残にも戦死した友人たちの仕事を自分が引きうける。それこそ、今後「価値ある仕事」をどのように残していくか、との決意をかためます。トインビーの一生は、その信念のもとに、つねにベストをつくして、それこそ一作一作に自己の全精神、全思考をかけていたように思います。その真摯な思いとたゆまぬ努力によって、世に多くの「歴史的な名著」を贈った、ともいえましょう。
じつは、トインビー晩年の著作として、『未来を生きる』という若泉敬氏との対談集（一九七一年）があります。刊行後、日本でも大きな反響を呼び、その続編が出たほどです。その最終章の一節は、「死を迎える心」という文章でむすばれています。いわゆる、自分自身の死について、親しき人びとの静かな微笑みに囲まれながら「最後の、そして最良の友として死を迎えたい」と述べています。いま、ふとその言葉を思い浮かべます。

日本人への愛と警告

吉澤　それでは、つぎに「トインビー思想の日本受容」といったテーマに移りたいと思います。いわゆる、トインビーは日本にどう受け入れられたか、との問いです。たしか、トインビーの著作が日本に紹介されたのは、戦後一九四〇年代の後半からです。それ以後、トインビーの著作あるいは論文等が、まるで堰《せき》を切ったように押し寄せる。同時に、それに対する多くの紹介記事や著作も出てきます。まず、その辺の初期の模様はどうなのでしょうか。

山本　トインビーの著作として、最初に世に出たのは、サマヴェルの『歴史の研究』（縮刷版、一九四九年）ですね。しかし、最初の訳は、どうも分かりにくかった。その後、長谷川松治さんが改訳し、これで大変よくなった。一般に、翻訳の良否は決定的な意味をもつものです。つぎに、『試練に立つ文明』（深瀬基寛訳、一九五二年）が出版される。これで一段とトインビー理解が浸透したかと思います。また、『世界と西欧』（吉田健一訳、一九五三年）も出ました。これは原文も達意だし、また邦訳も的確でよい。このあたりで、一応日本にトインビーの定着をみた、ともいえましょう。さらに、トインビーの二度目の来日（一九五六年）があって、空前の「トインビーブーム」のような機運が起こりました。

その後、トインビー熱は一層高まり、最近にいたるまで数年をおかず、場合によっては次の年にも翻訳が出るほどです。すでに、数十冊の翻訳書がありますね。まだ、トインビーの著作で翻訳されていないのは、ごく初期の、いわゆる主著の『歴史の研究』以前のものと、もう一つの大著である『国際問題大観』（全三四巻）だけが抜けています。まずは、ほとんど翻訳されています。

他方トインビーに関し、多くの翻訳書があり、また「もっともよく引用されたが読まれなかった」という記事（コラム）がどこかの新聞にありましたね。きっと、「論語読みの論語知らず」ほどの意味でしょう。一般に、高名な人を引用するということはよくあることです。それは、一面、有名になったことの証でもありましょう。しかし、大事なことは、十分な形で一般市民の期待に応える「トインビー研究」の環境を提供することです。

その意味では、すでに「二十世紀の名著」とされる主著『歴史の研究』（邦訳—全二五巻、経済往来社）も翻訳・刊行されています。このような大事業は、世界中どこを探してもないことです。もちろん、日本でのトインビー読者層の質も、相当に高いともいえましょう。

トインビーは、『交遊録』（一九六八年）の「日本人宛の序文」のなかで、まず日本の読書界の大きさと聡明さを語っています。さらに、日本には「専門家以外の教養の高い多くの読者がいる。私はその人びとに向けて話をする」とも述べています。かならずしも、つぶさに話をしなくても、その人の表情や目の輝きを見ると、聴衆にどれだけ自分が理解されているかが分かる。そういう、不思議な能力をトインビーはもっているんですね。

第一回の来日（一九二九年）の折は、「日本人は緊張している」とも言っていました。この、緊張しているというのはよくないんです。トインビーは、「非常に危険な兆候が起こっている」という。民衆が、何かとてつもない不運な事態に落ち込もうとしている。すなわち、あの無謀な「満州事変」におよぶ危険性をもっている、ということです。たしかに、トインビーの日本人に対する親愛と尊敬の念は深い。いわば、言葉をこえる深い次元で、日本を愛し日本の伝統を愛していた、ともいえる。しかし同時に、武力侵略にもおよぶ日本軍国主義の非道をきびしく糾弾しています。

吉澤　この第一回の訪日（一九二九年）は、京都で開かれた「第三回太平洋問題調査会議」に、イギリス代表団の一員として出席したものですね。当時、トインビーはまだ四十歳ですが、すでに新進気鋭の歴史学者および国際政治学者として世界的に知られています。

その折の会議の主題は、いまふれられたように、日中間の激しい対立をみる「満州問題」です。とくにトインビーは、日本が自ら自滅の道をたどる「カルタゴの運命」の轍を踏まぬようにと警告しています。その後の日本の歩みは、不幸にもトインビーの警告を裏付けるものでした。トインビーは、広く文明興亡論を援用しながら、日本の命運を的確に予測していた、ともいえましょう。およそ、その世界史的な視野に立つトインビーの読みの深さは、定評がありますね。

「トインビー批判」に応える

吉澤　さらに、第三回の訪日（一九六七年）は、新設間もない京都産業大学の招請によるものです。同大学「世界問題研究所」の所長であり、また終生トインビーを「心の恩師」と仰いだ若泉敬氏の尽力によるものです。この折は、すでにトインビーも七十八歳の高齢であり、公式の講演も二回に限られました。その一つは、トインビーが自ら望んだ「人口の都市集中化における問題点とその対策」というテーマです。

その折、わたしも山本先生の推薦状を得て、初めてトインビーに接する機会となりました。いまでも、トインビーが、ヴェロニカ夫人を携えて入場する温雅で物静かな表情が目に浮かびます。また、世界的に高名な身ながら、いかにも誠実で謙虚な人柄にもふれて、胸が高まる思いでした。

ところで、トインビーは歴史の専門家よりも、むしろ一般読者に受けがよい、という現状がありますね。それは、トインビーの考え方や思想と申しますか、その特徴の一面を伝えるようにも思えますが。その点はいかがでしょうか。

山本　トインビーに関し、アメリカ、日本、それからヨーロッパでも、一般の人が非常に関心をもっている。きっと、いままでの歴史学では、未来はもちろんのこと、現代すらも解けないような「混迷の時代」にある、といえないでしょうか。

いわゆる、これまでの伝統的な「近代歴史学」には、およそ二つの問題性がある。その一つは、十九世紀を基本にした近代ヨーロッパの「実証史学」の問題です。たしかに、一つの専門分野については、大変細かく精密になってきた。しかし、大きなスケールで世界史の琴線にふれることができない。とくに、新しい歴史的な変化を今日あるいは将来に向けて包むには、あまりにも内向きで知的枠組みが狭くなりすぎた、といえましょう。

もう一つは、自らを主人公とする「ヨーロッパ中心史観」の問題ですね。それは、近代ヨーロッパの優位と普遍性を合理化した歴史観なんですね。トインビーは、それを正面から打ち破っていきます。当然ながら、多くの歴史家は不愉快な思いをする。基本的には、その雄大な「比較文明」という知的試行についていけない。あるいは、その必要性すらも十分に分からない。おもに、そんなところも、一種の「トインビー批判」を招くのでしょう。

他方、学問の方法論として見ると、たしかにトインビーは独特な用語や概念を盛んに作り出している。しかも、大摑みに網を敷いたりしている。それで、個別的に細かい仕事をしている人にとっては、こんなことも知らないのか、とのためらいがある。

わたし自身は、トインビー史観の登場について、これまでの歴史学の枠組みをこえた、いわば新しい意味での「世界史学」（比較文明論）と考えています。それは本来、隣接領域に組する、たとえばP・A・ソローキンがいう「巨視的社会学」、あるいはA・ウェーバーの「文化社会学」、さらに文化人類学者A・クローバーによる文明論への進出といった、一連の知的動向とも関連します。いわゆる、ヨーロッパ中心主義をこえて、新しい知の総合を目ざす有望な学問研究です。とくにトインビーの「比較文明論」は、やがて非常に重要な学問分野になるであろうと考えます。

日本でも、さすがに第一級といっては失礼だが、普通の言葉でいう偉い人は、ちゃんとトインビーを正しく評価している。そうでない専門意識の強い人は、やっぱり反発しますね。ところが、いくら反発しても現実というのは大きく動いているんです。それを捉える問題意識や知的装置がないような歴史学というのは、やはりこれから無理なんじゃないですか。

西欧人としての自己反省

吉澤　トインビーは、本来オックスフォード大学で古典教育の厳しい修練をつみ、その俊英として期待されていました。いわば、正統的な「ギリシア史学者」です。しかも、古典古代から近現代までの全ギリシア史を熟知した、まことに稀有なギリシア史学者でした。この「歴史家トインビー」という原点は、もっと広く認知されるべきでしょう。

そのトインビーが、遥かなる「ギリシアへの愛」をこえて、新しい「世界史学」に、あるいは

「比較文明論」に開眼する。学説史上に見れば、いわゆる「近代歴史学」の克服、さらに「悪しき歴史主義」との決別と見ることもできます。新たに、これまでのヨーロッパ中心という「文明の論理」をこえて、全世界を見わたす巨視的な立場から人間事象を再構成する。いまや、現代歴史学の中心課題となるものですね。

　それでは、つぎにトインビーの歴史観もふくめて、とくに「ヨーロッパ」をこえる意味と展望等についていかがでしょう。

山本　問題の中心点は、やはり「ヨーロッパ中心史観」にあるといえましょう。そのものを、どう克服しているか。単に、言葉だけでなく、まず自分の考え方全体を検討しなければならない。

　トインビーは、その名著『試練に立つ文明』の冒頭に、「わが歴史観」について述べています。一九二〇年に、オスワルト・シュペングラーの『西洋の没落』を読んだ。シュペングラーと自分の一致点は、歴史を構成する究極的な単位を広く「文明」としたことである。たとえば、歴史上の民族とか国家またゲルマンとかドイツというものは、究極的な単位ではない。これは、ヨーロッパという世界の中の一単位にすぎない。すなわち、下位のものを独立したものと考えるのは、近代ナショナリズムの謂われなき所産でもあろう。

トインビーは、自ら作成した第一次の「文明表」（一九五四年）で、二一ないし二三の文明を設定しています。それらの、多くの文明から世界史は構成されている。ですから、西洋というのは、二一分の一にすぎないのです。まず、そういう歴史観の才覚が必要でしょう。

トインビー自身、イギリスに生まれ、イギリス中産階級に育ち、そして西洋人でもある。だから、自ずとそれらがまとう「偏見」をもっている。その偏見を、いかに一皮、一皮とむいていくか、ということですね。ここで重要な点は、自分の歴史家としての客観性というか、妥当性をどれだけ表明できるかということです。その観点から、新しい「世界史」に向かうトインビーの正しい評価が生まれるのでしょう。この点が、いまだにドイツやフランスだの、その狭い国民国家の内部にとどまり、それを究極的な単位と考えこむ人たちには、よく理解してもらえない点ですね。

トインビーに言わせれば、ヨーロッパというのは七世紀にはじまる。これまで、わずか十三世紀の歴史だ。インドや中国などは三十何世紀、とくにインドはインダスを入れると四十何世紀も経ているわけです。もちろん、世紀の数だけではいえないですが、それらのしめる広い地域や高い人口分布、さらにそれらが達成した文化的な伝統の高さというものがあります。トインビーにとって、こういう多くの文明が、それぞれ「平等にして対等」だと見えてきた。いわゆる、西洋中心史観を乗りこえるトインビーの自覚と発見ともいえましょう。

晩年のトインビー思想とは

吉澤　ところで、トインビーは、一九七二年に『図説・歴史の研究』という本を出版しています。いわゆる、トインビーの主著としては最後を飾る本です。すでに、一九六一年には『歴史の研究』（一二・再考察）が出ています。いわば、それ以来の研究の対象や考え方の変化などを知る上で、大変重要な本だと思います。そこでは、人類の未来に関する重要な課題、たとえば「脱工業化」や「世界政府の創設」といった問題も語っています。その主導権を担う可能性は、東アジアとくに中国であろうか、との期待も述べています。このような問いかけは、これまでの「西洋化」に対する非西洋文明の応答として、大変興味深いものです。

　そこで、最後のまとめとして、とくに最新の『図説・歴史の研究』を手引きとしながら、晩年のトインビーが温めていたテーマを検討できたらと思います。とりわけ、東アジアや中国への期待と展望については、いかがお考えでしょうか。

山本　たしかに、このトインビーの『図説・歴史の研究』は、人生の最終段階におよんでの決定版ともいえるでしょう。とくに、急激に変動する世界へのメッセージをこめた、一種の「遺言の書」といえるかもしれませんね。つぎに、この本に寄せるトインビーの思いとおもな論点を考えてみましょう。

この本で見ますと、すでに先進工業国はもう行きづまっている。とくに、先進諸国にみる過度の工業化は、いまや環境汚染だけでなく、資源の枯渇も招いている。そういう対内的、対外的および対自然的な、いわば「三重の問題」で先進工業国は頭打ちである。したがって、これから先進工業国は、この三重の挑戦をうけて脱工業化の道へと追いつめられることになろう。そうなると、現状ではそれほど極度に工業化を進めていないアジアとくに中国に新たなチャンスがくるかもしれない、との観測である。

いわゆる、アジアおよび中国には、これから工業化を進めるにしても、この過度の工業化にわたらない「第三の創造的な道」が残されている。その要《かなめ》となるのは、「農工のバランス」を保つことである。いわゆる、停滞的な農業ではなく、まして破壊的な工業化でもない「中庸の道」の採択である。その人類の叡智をかけた新しい道こそ、また人類が生き残る唯一の方法でもあろう、とのトインビーの結論ですね。

トインビーの構想は、ひとまず中国が中心になりますが、より広く東アジアを機軸にしています。これは、池田大作氏との対談（『二十一世紀への対話』上・下、一九七五年）の中に、何度も出てきます。ここでの東アジアとは、中国、韓国、日本、ベトナムなどを指しています。それらが、一連の「地域共同体」を作る。さらに、それを基軸として、新たな「世界国家」あるいは「世界政府」ができるであろう、と考える。実際に、東アジアには、それを担うだけの文化的な資質もある。よもや、自然を支配しようとする大それた考え方はない。その精神は、「道教」に非常によく表れていますね。

トインビーのいう「脱工業化」とは、今日流布する通常の見地ではない。それは、自然の尊さを取り戻さねばならない、あるいは人間と自然は調和的な関係に立たねばならない、という基本的な考えに基づくものです。いわゆる、『図説・歴史の研究』を著した一九七〇年代から、とくに人間の自然観すなわち自然の価値に対する考え方が大きな比重をしめている、といえましょう。これは、キリスト教、ユダヤ教、イスラームに対する手厳しい批判でもあるのです。

一般に、私たちは「東洋」と一口に申しますが、トインビーは違います。トインビーは、「ユダヤ・ギリシア圏」という世界と、「インド仏教圏」という世界に大別します。ですから、東洋というのは当たらない。西洋にとっては、インド以東との対決が終局的なものとなるでしょう。もし、政治的な意味で世界の主導権を考えるならば、やはり東アジアがリーダーシップをとるのではないか。これが、現時点におけるトインビーの、いとも壮大な「世界史の見通し」ということになりますね。

吉澤　今日は、急遽トインビー逝去の報に接し、あらためて「二十世紀最大の歴史家」、「現代の良心」とも謳われたトインビーの人と思想を顧みる機会となりました。また、その知的挑戦と真価を中心に、広範にわたる貴重なお話を有難うございました。これから、未来への知的遺産として「トインビーをどう継ぐか」、私たちも心新たに考えたいものです。

〔初出〕『経済往来』二月号（一九七五、一二）（一部改稿）

山本 新（やまもと・しん）
神奈川大学教授、「トインビー・市民の会」創設・共同代表（一九八〇年 逝去）。おもな著書に、『文明の構造と変動』（創文社）、『トインビーと文明論の争点』（勁草書房）、『トインビー――〈人類の知的遺産〉』（講談社）。なお、山本新・追悼論集『比較文明論の試み』（堤彪・吉澤五郎編、論創社、一九八一年）が刊行されている。

二〈対談〉地球時代の文明史像

伊東俊太郎／吉澤五郎

二十一世紀と日本の針路

吉澤　今日、文明の大きな変動期に際して、二十世紀とは一体何だったのか、あるいは人類は果たして美しい二十一世紀を築けるのか、といった危惧の念が深まっています。最近の動向を見ましても、二十一世紀へのビジョンやメッセージを求めた国際会議やシンポジウムが、多く開かれています。伊東先生も、日本を代表する科学者としてたびたび参加されていますね。まず、その折のご感想等はいかがでしょうか。

伊東　そうですね。これは昨年（一九八四年）「二十一世紀のメッセージ」ということで、朝日新聞社が開催しましたね。アメリカ、イギリス、フランス、西ドイツ、それにインドネシアなど、世界各国から多数参加して大変面白いシンポジウムでした。

私も招かれて出席したのですが、各パネラーの発言も、一同に地球的な問題に関するものでした。たとえば、核兵器や資源、人口などの諸問題がある。これらは、一国単位ではどうにもならない。やはり、みんなが全地球的な問題をかかえている。つぎの二十一世紀に、どのように対処すべきか、またその遺産を現代の子供たちにどのように渡すべきか。そういうことが議論されたのですが、熱気をはらみ非常に興味深いものでした。

そこで、私は感じたんですが、やはり全人類をつつむ地球的な視野、いわゆる大国中心の権力主義やナショナリズムの限界をこえる努力が必要である。その役割を、日本人が担うべきではないか、現に担いつつあるのではないか、と感じたわけです。そういう風向きに変わってきたのではないでしょうか。というのは、すでにヨーロッパ自身が、ある意味で非常に小さくなってきている。そのなかで、何人かの人は地球的な考えをもち、かつ発言もしますが、全体としてはいかにも視野が狭い。もう、自分たちのことで精一杯だという感じですね。アメリカも、まだ大国主義の力への信仰が抜けきっていない。全地球を公平に観察して、もっと良き方策を見出すという姿勢は現れていないように思う。

それに対して、日本の発言者たちは、たとえば司馬遼太郎さんなんかは、一見非常に日本的なようにみえても、じつは世界に通用するような新しい言句や内容がある。本当に「地球が一つ」になったときに、日本は新しい文明の原理を考えるリーダーシップをとれるのではないか。そういったことを、そのシンポジウムで感じたりしました。

新しい世紀を迎えるとき、日本人はもっと新しい文明を創出するフロンティアに立たねばならない。これまで日本は、さまざまな文明を摂取してきたが、その恩返しが少なかった。しかし、科学技術のテクノロジーの発達で、日本もある意味で大変豊かになり余裕もできてきた。これを、世界的な問題解決への叡智に還元していく。そういうときが来ているんじゃないか、と思うんですね。

「科学の世紀」と幸福の尺度

吉澤　たしかに科学技術の発展は、これから人類社会に大きく寄与することでしょう。しかし、同時に大きな危険性もはらんでいますね。日本では、最近「科学と人間」という国際シンポジウムが開かれました。またアメリカでは、「ニューエイジ・サイエンス」と呼ばれる新しい科学運動が台頭しています。これは、やはり今日の科学文明に対する「異議申し立て」として、その意味とあり方を問う市民運動とも申せましょうか。さらに昨年には、現代科学の最先端の学者を集めた日仏シンポジウムもありました。そのテーマは、「科学・技術と精神世界」です。これは、筑波大学とフランスの国営文化放送の協力で開かれたもので、大きな反響を呼びました。

伊東先生も、こういう一連のプログラムに参加されたり、またその動向等をよく紹介されていますね。いわゆる、「科学の世紀」への疑問が、東西の対話という形で論じられようとしています。これは、人類に歴史にとっても、たいへん重要な差しせまった問題であろうと思います。そのあたりの事情について、全体としての特徴や意味をどのようにお考えでしょうか。

伊東　いま「二十一世紀」ということが、大きなテーマとなり論議が交わされていますね。それは、これから人間がどう生き延びられるか、という深刻な不安と裏腹の関係にあるのではないか、と思います。いま吉澤先生が言われたように、科学技術の非常な発展が一つの原因となっています。この点についてですが、じつは過去三〇〇年ぐらいは、人間の幸福と科学の進歩は大体パラレルで、ごく順調な状態にあったといえましょう。

ところが、第二次大戦の末期頃から原子爆弾の製造が始まり、さらに「マンハッタン計画」のあたりから、科学の性格ががらりと変わってきた。もはや、地球を何度でも破壊できるような核兵器を人間が作り出している。あるいは、高度な産業が非常に発達して生活が便利になる反面、同時に公害とか資源の枯渇といったマイナス面も多く出てきます。いずれ、生態学上も、人間がこの地球上に住めないような状況になるかもしれない。今日、それらの大きな歪みをどう是正するか、真剣に考え直す必要があります。

大切なことは、科学というものを、もっと私たちの具体的な生活世界に組みこんで考えることです。現に、資源の問題、核兵器の問題、さらに放射性物質の処理問題等の難問があるわけですね。いわば、科学が人間の生活世界を侵害しているわけです。これからは、科学技術をもっと人間にフィットさせていく必要がある。現代では、科学技術が人間の手綱から離れて一人歩きしている。しかも、異常に巨大化して得体の知れない怪物になっている。

それが、「ニューエイジ・サイエンス」という運動の根底にあるんだと思う。だから、あれは科学運動というよりも「一つの文明運動」なのです。今日、とくに新しい時代に対応する科学というものが求められています。いわゆる、物質文明と精神文明がもっと調和しなければならない。たとえば、科学と倫理あるいは理性と感性が、もっと相互に結びつき、つり合ったものでなければならない。現代は、そういうところに来ている。今後、こういう新しい動向に注目し、さらには助長していく必要がある、と僕自身は思っているわけです。

「歴史学の世紀」とトインビーの挑戦

吉澤　いまお話しの「ニューエイジ・サイエンス」をふくめて、たしかに「文明の転換」を告げる新しい潮流が見られますね。総じて、これまでの伝統的な思想や学問のあり方に対する反省ともいえましょう。要するに、近代的な学問の眼目であった「専門・分化」という方式から、何よりも「総合」への知的努力が求められています。たとえば、私に関します「西洋史学」の分野でいえば、現代史学の課題となる「近代歴史学」の克服という問題があります。いわゆる、その要となる「歴史主義」の克服という問題です。

その点の事情について、とくに新しくトインビーが登場するまでの経緯を一瞥したいと思います。いわゆる「歴史学」が、一科の学問として誕生するのは、十九世紀前半のドイツにおいてです。その「歴史学の世紀」の先鋒をつとめたのが、ご承知の「近代歴史学の父」レオポルト・フォン・ランケですね。そのランケ史学の核心は、なによりも歴史的な事実を直視することです。ランケが述べるように、歴史とは「それが本来どうであったかを単に示す」だけでもあったのです。また、その個体的な生命の考察こそが、比類なき独自の魅力を放つことになります。

もっとも、このような「歴史主義」の立場は、それなりの積極的な意味があったのです。それは、おもに人間理性の同一性を強調した「近代合理主義」ないし「啓蒙的歴史観」への反逆とみることもできましょう。その意味では、ヨーロッパの思惟が体験した「最大の精神革命」とも謳われるわけです。

一方、その思潮もやがて「悪しき歴史主義」の進行をみることになります。いまや歴史学は、極端な相対化に落ち込んでしまう。歴史家の仕事として、ひたすら対象の専門化と細分化に身をけずることになります。いわゆる、「歴史のための歴史」という歪《いびつ》な形に変貌します。もはや、自ら歴史自身の中に、かたく蓋を閉ざしてしまった。ここに、歴史学が実証主義の名のもとに「生の問題関心」から離れ、単に「事実のための事実」という収集学に化してしまう。いわば、自ら方位喪失の運命をたどることになるわけです。

その後、このような近代歴史学が陥った「歴史主義」の危機に対して、多くの批判と論議が交わされることになります。この大問題に対峙する知的高峰として、たとえばE・トレルチやF・マイネッケの名をあげることもできましょう。各々に、歴史主義の克服の道として、「現代的文化統合」の立場を掲げ、また「過去と現在の統一性」が説かれることになります。さらに、当時の歴史的な状況として第一次世界大戦があります。申すまでもなく、一方に歴史全体を揺るがす危機感を誘い、またヨーロッパの思想界にも大きな動揺をあたえました。

少し長くなりましたが、トインビー史学の誕生は、このような「近代歴史学」の学問的な反省と時代の危機を背景とするものです。その基本的な特徴は、広く世界史的な立場に立つ「全体としての歴史」の探求であり、また現実的な連関性としての「生きた歴史学」への関心である、といえましょう。さらに、このトインビーの「新しい世界史」への道は、単に一部の歴史的な修正や再構成というより、むしろ新たな知の形成として「比較文明学」の誕生を促すことになります。

そういう意味で、日本ではどうでしょうか。まず、比較文明学の先達として、山本新先生と梅棹忠夫先生の名を上げることができましょう。お二人とも、問題の自律的な設定にも心を注がれ、独創的な多くの業績を残されています。いわば、理想的な形で比較文明学の基礎を築かれた、ともいえましょう。これは、日本比較文明学の誕生および展開にとって、まことに幸運であったと思いますね。

伊東　おっしゃるとおりですね。僕は、比較文明学というのは、日本でこそ育たねばならないと思うんですね。日本人が、その歴史的・地理的な、あるいは文化的な伝統における素地というものを積極的に生かして、独自な学問を作っていく。先ほどの山本新、梅棹忠夫先生、さらに江上波夫、中村元、山本達郎先生たちも、そうしたところに力を注いで先駆的な仕事をなさっておられる。それを、ますます発展させていく使命が、新たに誕生した比較文明学会の前途にかけられている、と思います。

この学会の創設は、そういう意味で非常に時機にかなっていたと思えます。これから日本は、いままでの外国模倣の直輸入や翻訳文化から脱して、独自な「一つの学問」のジャンルを作り上げ、そして輸出していく。それは、別にそのことで得をしようということではない。新たに、世界的問題の解決に貢献するようなアイデアですね。そういう思考のシステムを作り出していくことです。これは、非常に重要な仕事ではないでしょうか。

「地球的人類史」の構想

吉澤　ところで、このところ欧米でも比較文明学的な考え方が、だんだん盛んになっていますね。これまでの、「ヨーロッパ中心主義」を克服するような世界史像の探求です。先駆的には、シュペングラーやトインビーがいます。さらに、最近ではW・H・マクニールの『世界史』（一九六七年）やG・バラクロウの『世界歴史地図』（一九七八年）等の大作もでています。いずれも、全体的ないし地球文明的な視野に立つ重要な文献です。

この文脈でいえば、伊東先生のご著書『比較文明』（東京大学出版会、一九八五年）では、すでに新しい「世界学のすすめ」を述べておられます。じつは、それに先立つ一九六九年には、いち早く「新しい世界史像の形成」また「地球的世界史の構想」といった論文（「中央公論」）も発表されている。まさに、先見の明ともいうべき知的快挙ですね。そこで、伊東文明学の基本的な主題となるのが、第一に「人類史五革命説」であり、第二に「文明交流圏」の構想となりましょうか。まさに、人類文明史の「タテ軸」と「ヨコ軸」をむすぶ画期的な「一つの世界史像」だと思います。そのご苦心のほどや展開性等について、お話しいただけませんか。

伊東　まず、私の「文明発展」という捉え方は、新たに「地球的な人類史」というものを考えようということです。いまお話がありましたバラクロウか、たしかマクニールでしょうか、世界史は「中近東」からはじまって並行的に発展する、と述べていますね。その後に、ヨーロッパ中心の時代があって現在はグローバルな時代である、と考えています。私から見れば、それが文明の発展段階説なのか多元説なのか、またはその克服なのかという点が、いま一つはっきりしないんです。

ですから、私のやろうとしていることは、一方の人類文明史上の「時間軸」における発展と、他方の「空間軸」における相互関係を、その二つの側面を十分に説明できるようなシステムを作りたいということです。私は、およそ一七の「基本文明圏」を設定しています。それらは、各々個性を持ちながら、同時に私のいう「五つの段階」を経過している。いわゆる、「人類革命」からはじまって、以下の「農業革命」「都市革命」「精神革命」「科学革命」を経ている。

現在は、その六番目の、まさに地球時代の新しい転換期に来ているわけです。僕はこれを「環境革命」と名づけています。これは根本的には、「科学革命」以来、自然をもっぱら征服の対象としてきた生き方に対して、そうではない自然と人間の関係を新たに構築しようというものです。いわゆる、一種の「人間革命」――人間の側の自己改革――だとも思うんですね。

とにかく、人類の歩みは、そういう共通の変革を体験をしながら一体となって進展していく、と考えるわけです。つまり、ある意味で、それは人類の一体性を認め、また共通の変革ということを認めるものです。同時に、諸文明の個性というものにも十分に注目してゆく考え方です。だから、地球が一色になるのでは決してない。そういう新しい文明史観というものを、私なりに提起したいと考えているわけです。

科学革命と精神革命の調和

吉澤　とくに、この人類発展の「五革命説」が示唆的なのは、今日の科学革命と精神革命の相関関係についてのお考えですね。これからの新しい文明は、科学技術の人間化とか、物質と精神の調和といった問題を避けることはできない。それは、やはり究極的に宗教の問題に逢着《ほうちゃく》するのでしょうか。身近な情景としても、たとえば「終末論」といった言葉が流行し、また「世紀末」といった雰囲気も漂っていますね。いずれも、人間を囲む状況が絶望的なときに甦る、とでもいえましょう。

　このような現代社会では、とくに文明の危機とその本質を見究めながら、問題解決の見通しを図らねばならない。そういうことが、重要な課題となりますね。その点に関して、トインビーは「モラリティ・ギャップ」という問題を提示しています。いわゆる、「道徳上の断絶」ということになります。要するに、人間生活における物質的な側面での発展と、人間の倫理的ないし精神的な側面での発展とのアンバランスのことです。そういう根本問題になりますと、たとえば現代文明の危機や地球の運命、あるいは人間の生き方や価値の問題といったことになります。それらは、単に国際政治や国際経済の次元では解けないことになります。もっと、巨視的な視野に導かれる、いわば高次の思想的・精神的な次元をふくまざるを得ない。また最終的には、どうしても文明の基軸とされる宗教の問題を無視できないと思いますが、どうでしょうか。

伊東　私も賛成ですね。シュペングラーも、彼の言葉で言えば、文化が文明になるとき――ここで文明というのは文化の末期症状で、死が近づいてきたことなんですが――それが治るとすれば、そこに「第二の宗教性」が復活することによる、といっていますね。

　私の考えでは、まず近代の「科学革命」以後、「文明」の内実があまりにも物質中心になっている。一方では、その物質とエネルギーの生産を極大にすることしか考えない。他方の精神の側は、ますます希薄になりましたね。かつての「精神革命」の時代よりも、遥かに空疎になりましたね。そういう物質的な幸福と裏腹に、精神的な空虚さ、疎外感、人間の孤立といったものが出てきている。こういう科学文明のゆくえは、もう先が見えていますね。

　今日の大きな問題は、そうした科学技術を本当に人間的なものにしていく。少なくとも、そうコントロールするという心の価値と豊かさを回復することです。つまり、人間の生きる価値はどこにあるか、ということですね。もっと、心の満足、精神的な生きがいといったものが、前面に出てこなければいけない。そういう、精神的な問題というものが大きくクローズアップされるべきです。
いわゆる人間とは、たんなる物質の塊ではない。人間は、精神的な価値によって導かれる。また、やわらかい、温かい、生きる希望に燃えた心をもった、そういう存在が本当の人間ではないでしょうか。もちろん、人間は、物質的な条件にも支配されています。私たちは、十分な食べ物を食べなければ、生きることはできません。それは、至極当然なことです。しかし、重要なことは、その両者のバランスを図り、人間の本当の内面的な充実を求めることです。

そうなると、あらためてかつての「精神革命」の意義が再吟味されねばなりません。それは、キリストや孔子や仏陀のやってきたことを、そのまま金科玉条《きんかぎょくじょう》とするものではありません。彼らのなした意味を、今日の科学文明の中に生かすことです。あるいは、精神文明のなかに科学文明を定位する、と逆にいってもよい。そういう方向に立って、科学文明と精神革命を統合しなければいけない。先ほどの、トインビーが言う「モラリティ・ギャップ」の問題も、その科学と倫理の調和を説いているのではないでしょうか。そのような、新しい世界観や文明史観の自覚と実践の試みが「人間革命」である、と私は思うのです。

今日の「地球文明」の時代には、とくに全体的な人間像の回復が求められています。文明史的には、まず西洋と東洋の両文明が、各々の叡智を分かち合いながら、双方相よって統合される。それこそ、地球時代の人間革命であり、また二十一世紀の文明史的な課題ではないでしょうか。

〔初出〕『航空と文化』季刊・一四―一五合併号（日本航空協会、一九八五、一）（一部改稿）
なお本稿は、新たに『比較文明』（伊東俊太郎著、東京大学出版会、一九八五年）所収の〈Ⅳ章　比較文明論の対話〉に、梅棹忠夫氏および中村元氏に続く《対談》として収録されている。

伊東俊太郎（いとう・しゅんたろう）
東京大学教授、比較文明学会会長。
おもな著書に『文明における科学』（勁草書房）、『十二世紀ルネサンス――西欧世界へのアラビア文明の影響』（岩波書店）、『伊東俊太郎著作集』（全一二巻、麗澤大学出版会）

三　〈座談会〉変貌するアメリカとトインビー

秀村欣二／亀井俊介／吉澤五郎

「多文化の共存」を求めて

司会　近年、アメリカの価値体系を問う「キャノン論争」が盛んになっています。今回は、まず、このキャノン論争の特徴や歴史的背景を顧みながら、アメリカの理想と現実および今後の展望等についてお話しいただきたいと思います。つぎに、多くの世界の識者が注目し、日本でも大きな反響を呼んだA・トインビーの「アメリカ論」について、その全体的な印象と意義等についても、ご自由に活発な論議をお願いしたいと思います。では、どうぞよろしくお願いします。

秀村　じつは、この「キャノン」というテーマに感銘しています。私ども西洋古代史にかかわるものにとって、非常に意味の深い言葉です。本来は、ギリシア語で「尺度・基準」という意味です。やがて、キリスト教の『旧・新約聖書』の「正典」を表す用語となります。そのキャノンに反対する教理や行動は、正統に対する異端と見なされました。そこで、いまキャノンが、どういうコンテクストでアメリカ社会に登場したのでしょうか。大変興味深いことです。今日は、アメリカ文学研究の大家である亀井先生もお見えですので、ぜひお聞きしたいですね。

亀井　アメリカでは、いま宗教的というよりも、社会的なコンテクストで使われるようですね。一九六〇年代の後半、アメリカ社会の基盤が緩み、少数派の人たちの主張が高まってきます。それにつれて、新しい価値体系をキャノンという言葉で考え直すようになったのです。

秀村　最初に、その言葉はどういう形で出てきたのでしょうか。新聞とか雑誌でしょうか。

亀井　まだ、はっきりしたことは分かりません。アメリカ文学の方では、一九八八年に『コロンビア合衆国文学史』というでかい本がでまして、一挙に「キャノン論争」が盛んになったのです。この本は、最近の多文化共存思想を反映しています。その本の最初の章は、インディアンから始まるんです。そして、東洋系やラテン系アメリカ人の文学がそれぞれ独立の章になったりしているわけです。

　つまり、これまでアメリカ文学史で無視されていたものが、重要な課題としてのし上がってくる。女性の文学も、大変大きな地位をしめてきます。ということは、逆にかつてアメリカ文学の頂点にいた、たとえばエマーソンとかホーソンとかの地位が、相対的に下がってきたということですね。つまり、これまでアメリカ文学の「キャノン」（正典）と申しますか、権威ある作品像に対して、その周辺にいた者たちが反旗をひるがえすわけです。それで、伝統派との間で、果たしてそれでいいのか、これからの正しい文学の方向なのか、といった論争になってきたんですね。他面、一種の旧世代との「世代論争」にもなっている感じもします。

アメリカ「第一主義」とその背景

吉澤　最初のお話のインディアン史ですが、私も大変興味があります。そのインディアンが、これまでどのように取り扱われているか。一般的には、著作上でも本論の前の「自然」という項目、あるいは「文明以前の野蛮人」として描かれたりしています。ご存知のディー・ブラウンの小説『わが魂を聖地に埋めよ』がありますね。一九七一年に、アメリカで出版され、超ベストセラーとなって大きな衝撃を与えました。私も、すぐさま購入し愛読した経験があります。

亀井　面白い本ですからね。

吉澤　ブラウンは、とくに征服されたインディアンの立場から、彼ら自身の声を通してアメリカ史の原像を再現しようとしている。やはり、それもキャノンの見直しということで、その必然性や重要性ということがあったわけですね。

亀井　そうですね。そしてこの問題は、単に文学史上の問題だけではないのです。たとえば、大学教育の問題にもすごく影響してくるわけです。従来の大学教育は、ほとんど白人・男性中心主義である。それは間違いである。少数派人種の歴史文化、あるいは女性の権利や主張、そういうカリキュラムをどんどん作れ、ということになってきた。ですから、教育全体が、キャノンをどう設定するかということと結びついてくる。いま、アメリカの大学は、大きな変革をせまられ、混乱していると思いますね。

しかし、もう一つ難しい問題があるんです。本来、文学なら文学の内的価値があるわけですね。それが、時代の政治的・社会的要求で左右されてよいのか、という問題があるんです。つまり伝統派は、文学自体の価値をキャノン設定の基準にしようとする。それに対して、キャノン見直し派は、新時代の「政治的正しさ」から、少数派人種とか女性の文学とかを持ち上げる。もうそうなると、文学と政治的意味のどちらを重んじるのか、という大きな問題になるんですね。

司会　日本でも、その「キャノン論争」が話題となり、そのゆくえに関心があつまっています。その新しい価値観は、これからの日本にとっても無縁ではないと思いますが、ご専門の立場でいかがでしょうか。

亀井　そのことに関して、ちょっとアメリカの歴史研究の動向を眺めてみましょう。一つ顕著なのは、さまざまな少数派の見方が出てきて、いわば歴史が細分化してきた。インディアンの観点の歴史とか、東洋人から見たアメリカ史とかですね。しかし、そういう歴史をどう総合するか、という難しい問題がのこります。もう一つは、現実の経済・産業あるいは軍事面でも、当然諸外国との関連が大きくなってきました。いわゆる、歴史のグローバリゼーションの傾向です。もっと、大きなスケールで歴史を見よう、という動きがあります。

　そこで、歴史の細分化と総合化あるいは広く日本との関係を、一体どう処理するのかという問題が出てきます。日本人は、日本人の見方でアメリカ史の「細分化」に参加するし、また日本との関係でその「総合化」にも参加しうる、ということになりますね。

　結局、アメリカの文化なり文明なりを、内部研究と外部の相関関係の研究で、どう全体的に把握するか、ということです。かなり難しい問題です。しかし、私は両方が本当は矛盾しないと思います。これから、日本人なりのキャノンも合わせて、具体的にどういう世界的な視点でまとめられるか、といったことを私も探求したいところです。

吉澤　とくにマイノリティの問題では、たしかエスニック・グループだけでも一七〇ほどありますね。やはり、アメリカの分裂と統合の間で、両者にどう調和を図っていくか、アメリカ社会の大きな課題でしょうね。

亀井　アメリカ社会は、じつに雑多な寄り合い世帯です。彼らは、どこかで自分の文化は普遍的であると信じているように思えます。自分たちの主張は、口で表現すれば、ちゃんと先方に通じ、そして共通の基盤ができるということを信じている。日本人は、それほど楽観的には信じてないですよね。逆に、日本の俳句あるいはワビとかサビの精神が、西洋人に分かってたまるか、というぐらいでしょうか。

アメリカでは、大いなる普遍性を信じなければ国家は成り立ちません。その結果、各々の個人主義は大変強いし、国家的な独善性も強いと思うんです。アメリカの正義は、世界に通用するのだ、というような気持ちをもっていますね。いわば、アメリカには、価値観の細分化と文化普遍主義とのダイナミックな関係がありますね。

アメリカ史とインディアン悲史

秀村　アメリカ史となると、私は素人ですが、今日世界にアメリカ文化が広がっていますね。

その意味では、それなりの適用性とか稀少価値があるのでしょう。それが、急激に変動してどうなっていくのか。とくに、アメリカ人のもっている価値観や世界観というものがどうなっていくのか。さらに、私たち日本人が、これまでの歴史と経過をふまえて、どう対処すべきか。そういった、私なりの現代アメリカへの関心事もあるのですが、いかがでしょう。

吉澤　私も、それこそ素人なんですが、後半の話題となる「トインビーのアメリカ論」とは別に、ある事情で先住民族の「インディアン史」に深い関心をもちました。と申しますのは、著名な量子化学者である藤永茂氏の著書『アメリカインディアン悲史―誇り高いその衰亡』（朝日新聞社、一九七二年）を読んだことが、その発端です。

　やはり、アメリカの歴史を考えるとき、その建国史にまつわる「フロンティアスピリット」の問題が重要ではないでしょうか。いわゆる、アメリカの東海岸には、まだ古き階級や独裁がある。しかし、西に行けば手垢のつかない土地があり、理想を得ることが出来る。さらに、神の国、神の世界があって、新しい文明が待ちうけている。きっとそんな発想から、いわゆる、西部の「開拓」が進められたといえましょう。その「フロンティア」の信仰に飾られた「開拓史」の進展を、原住民であるインディアンの立場から見れば、どうであろうか。

　これは、まさに「インディアン征服史」でもあるのです。また、破壊と虐殺の歴史ということになるわけです。しかも、他のマイノリティと違って、インディアンの場合は、アメリカの先住民族であり主権者でもある。要するに、大家さんですね。その点が、基本的に異なると思うんです。そして、それ以前には高度な「マヤ・アステカ文明」も栄華を誇った、といえます。

他方、その当初の入植者・ピューリタンとインディアンの関係は、どうであろうか。じつは、大変密接な関係があった、とされます。たとえば、アメリカの農業資源にしても、その五〇パーセントはインディアンの恩恵に浴している。例のコロンブスの一行がプリマスに上陸してきたときには、土地を与え、食物を与えている。インディアンは、いまでいう「人道的な観点」から、彼らに必要なサービスを提供したともいえましょう。事実、コロンブスが本国に送った「書簡」(一四九三年)には、インディアンというのは大変お人好しで、我々が欲すれば絶対に断らない。その愛情の深さは大変立派なものである、と述べています。

これまで、このような入植者に対する影響・貢献ということは、アメリカ史の中で欠落することが多かったのではないでしょうか。いわゆる、アメリカ史の読み直しをやらねばならない、と思うのです。この入植者に関するピューリタニズムとくに「フロンティアスピリット」自体の意味と展開については、どうお考えになりますか。

亀井　ご存知の、D・H・ローレンスという人がいますね。この人の「アメリカ文化論」というのは、非常に面白いんです。ピューリタンたちは、ヨーロッパに黒い反感をもってアメリカ大陸に出て行った。それで、自分たちの文化を造ろうとしたのですが、その時にインディアン文化を抹殺しちゃった。つまり、アメリカというこの大地のスピリット、いわば「偉大なる地霊」を抹殺したことになる。そのために、理想世界の建設が抽象的であり魂が入らなかった、というんですね。

それで、本当の自分たちのあるべき姿がつかめない。アメリカ人は、いまだに「アメリカ人とは何であるか」ということばかり論争しているんだ、とローレンスは結んでいます。たしかに、アメリカは、ピューリタニズムそれからフロンティアスピリットといった大事なところを吸収できずに進んできた、ということはいえそうですね。

しかしまた、本当に自分たちの魂が満足しうる理想郷とは一体どんなものか、ということをアメリカ人は探ってきたともいえます。つまり、アメリカは、つねに文化的な実験をやってきた国なんですね。いろんな事をやって、失敗したり、やり直してみたりということで、たとえば「奴隷制度」もその一つなんです。

だから、「フロンティアスピリット」という言葉も、単に地理的な意味でいうのではありません。もっと、幅広くとることですね。アメリカ人は、いまだにそのあるべき姿を探し求めて右往左往している。これも、一種のフロンティアスピリットの表れだといえるかも知れませんね。とにかく、実験するんです。次から次へと実験していく。日本人のように、「中庸」ばかり重んじる考えから見たら、大変面白いし、逆に精神的な刺激になるかも知れませんね。

トインビーのアメリカ論

司会　それでは、後半の話題として、トインビーの「アメリカ論」に移りたいと思います。じつは、トインビーの壮大な歴史観や国際政治観にしましても、やはり巨大なアメリカ社会の存在や動向と無縁ではないと思われます。ある意味では、トインビー思想の有効性を図るにふさわしい実験場であった、ともいえるのではないでしょうか。その現実の試練の上に、また世界に羽ばたくトインビーの姿があるといえないでしょうか。いわゆる、トインビーのアメリカ論を出発点にしながら、さらに二十一世紀の文明史的な展望についてお話しいただきたいと思います。どうぞ、よろしくお願いします。

吉澤　たしかに、トインビーはアメリカで迎えられた、ともいえましょう。じじつ、トインビーのような新しい世界史学ないし文明史学は、これまでのごく専門化した近代歴史学とは反《そ》りが合わないわけです。当然のごとく、母国イギリスでも、一流の史学雑誌たとえば『イギリス史学評論』でも、トインビーを黙殺しています。およそ、一般の論調はきわめて冷淡で否定的であった、といえましょう。

そのトインビーの苦境を救った舞台が、じつは他ならぬアメリカでもあったのです。アメリカには、伝統にとらわれない積極進取の精神があります。その精神的な風土が、トインビーの業績を真摯に受けとめ、また高い栄誉をあたえたといえましょう。イギリスの名高い歴史家であり、またトインビーの良き理解者であるC・ドーソンは、「トインビーの門出を飾り、正当な評価を受け、世界に広がる舞台を提供したのはアメリカである」と述べています。

まさに、その通りなんです。具体的に申しますと、トインビーの主著『歴史の研究』の縮刷版が、D・C・サマヴェルによって一九四六年に出版されます。これは、すぐさまアメリカでベストセラーになるのです。トインビーも、一躍世界的な著名人となったわけですね。

亀井　ああそうですか。

吉澤　この、大部な「縮刷版」は、日本でも「世界史を俯瞰する不朽の著作」（上下二巻、一九五六）として、翻訳・出版されています。その、序文となる「日本語版への言葉」は、トインビーの新しい世界史学への決意と自己告白を告げる感動的なものです。

秀村　私ども「トインビー・市民の会」では、「トインビー生誕一〇〇年記念」（一九八九年）の主要行事として、一連の「国際シンポジウム」とともに、記念論集『人間と文明のゆくえ』（一九八九年）を刊行しました。その冒頭の海外寄稿として、アメリカ歴史学界の重鎮W・H・マクニールの「アメリカにおけるトインビー評価」という論考がありますね。

吉澤　秀村先生の監修によるものですが、私どもも「日本におけるトインビー関心」について、マクニールの取材を受けたりしました。この長大な一種の「ドキュメント」は、まさにトインビーの実像と真実を究める最高傑作ですね。いわゆる、アメリカにおけるトインビーの受容と評価の変遷について、また人間模様の機微にもふれており、興味深々たるものがあります。なお、アメリカを主題としたトインビーの文献は、すでに多く出ています。あえて、一冊の親しめる本をあげるとすれば、やはり『アメリカと世界革命』（一九六二年）でしょうか。原本で七七ページという小冊子ですが、トインビーの歴史観をよく示しており、格好の入門書といえますね。

亀井　この本は、大学の英語教科書となっていますね。私も、読んだ記憶があります。

吉澤　そうですね。日本では、大橋健三郎氏の名訳で刊行（一九六七年）されています。とくに、この本は、アメリカの全体像と命運を読み解く名著として定評があります。

その問題の核心は、およそつぎのようになります。かつてアメリカは、世界史上に「理想的な革命」を行っている。その動機は、少なくとも物質的な目的ではなく精神的なものであり、また人類全体の幸福に寄与するものであった。今日のアメリカは、その革命精神を裏切っている。むしろ、自国の既得利権を擁護する「反革命運動」の指導者に変貌している。かつての巨大な世界国家「ローマ」のように、没落の運命をたどらないように、と警告しています。アメリカの未来の運命は、一に自らの革命精神に復帰できるかにかかっている。いまならまだ遅くない、と一九六一年に述べています。

「パックス・アメリカーナ」への希望と不安

亀井　アメリカの「独立革命」の突発を印した、コンコードの戦いがあります。その時の一鉄砲の響きがインドネシアの独立運動に反響している、とも述べていますね。他の読後感ですが、トインビーはさすがに名文家ですね。

　さっき、ローマ帝国の末期との比較がありましたね。じつは、アメリカが建国当初の理想像としたのは「ローマ共和国」でした。当時、共和国としてはスイスがありましたが、小さな国で参考にならなかった。そこで、ローマ共和国を一つのモデルにして、今日までつづいています。たしかに、トインビーがいうように、政治制度としては守ってきたが、肝心の精神的な面では衰弱してきていますね。

トインビーは、あれだけの大歴史家だからというべきか、非常に宗教を重視していますね。びっくりするほどです。ところで、現在のアメリカの宗教はどうでしょうか。ある意味では、衰弱しきっているという感じがするのです。たとえば、テレビで大げさな説教をして寄付金を集めたり、カルトといった正体不明な宗教もふえていますね。トインビーは、歴史的に「革命の精神」といったのでしょうが、まさにその精神的な充実感こそ求められている、といえましょう。今後のアメリカの運命を問う大問題です。

吉澤　アメリカは、つねにこのような危機をどう克服するか、といった根本的な課題を掲げながら、その可能性を探ってきたともいえましょうか。それは、一部の文化の革新だけでなく、広く「文明の革新」として捉えるべきですね。トインビーの文明史的な「アメリカ論」は、現在こそ有効性と重要性をもっている、と私は思います。

秀村　先ほど、亀井先生がいわれましたように、やはり最初に理想とした「パックス・アメリカーナ」は、先の「パックス・ブリタニカ」と違って、共和制を理想としたと思います。このような、世界システムの原点である「パックス・ロマーナ」は、トインビーによっては、単に権力とか武力だけに依拠したものでなく、法と文化に裏づけられていました。

元来、ギリシアのポリスに由来する市民の理念は、地中海世界を統合したローマによって「ローマ市民権」として現実となり、キリスト教とも和合しました。先にあげました「パックス・ブリタニカ」は、明白に「パックス・ロマーナ」を意識しながらも、帝国主義的な性格が強くありました。現在、世界では民族紛争が続出し、国連も微力であるかと思われます。その意味で、真の「パックス・アメリカーナ」に期待と懸念を併せもちながらも、トインビーが念願とした「世界連邦」および「地球市民」のビジョンを活性化したい、と切に望みたいものです。

亀井　秀村、吉澤先生が言われるように、またトインビーの「アメリカ論」が示唆するように、高度な理念に基づいた「精神革命」の方向が出てこなければならない。現在は、まさに二十一世紀に向けて、世界的に文化・文明の見直しの渦中にある、といってもよいのではないでしょうか。

司会　今日は「変貌するアメリカ」をテーマに、とくに現況の文化の革新さらに広く文明の革新をめぐる動向と問題点について、ご専門の立場から大変興味深いお話をうかがいました。また、トインビーの「アメリカ論」は、そのテーマの核心をつく一問題提起として、新たに蒙を啓く大変有意義なメッセージともなりました。今日は、アメリカが抱える諸問題について多分野にわたり、貴重なお話を有難うございました。

［初出］『現代とトインビー』第八八号（トインビー・市民の会、一九九五、三）（一部改稿）

秀村欣二（ひでむら・きんじ）
東京大学名誉教授、「トインビー・市民の会」代表理事（一九九七年 逝去）。おもな著書に『西洋史概説』（編著、東京大学出版会）、トインビー『ヘレニズム』（共訳、紀伊国屋書店）、『秀村欣二選集』（全五巻、キリスト教図書出版社）

亀井俊介（かめい・しゅんすけ）
東京大学名誉教授、東京女子大学教授。おもな著書に『アメリカン・ヒーローの系譜』（研究社）、『英文学者　坪内逍遥』（松柏社）、『亀井俊介の仕事』（全五巻、南雲堂）

四 〈インタビュー〉『二十一世紀への対話』——その現代的意義

——四五年前に始まったトインビー博士と池田大作SGI（創価学会インタナショナル）会長の対談『二十一世紀への対話』（日本語版）は、今や世界三〇言語に翻訳されている。その現代的意義と学術的価値について、トインビー研究の第一人者である麗澤大学客員教授の吉澤五郎氏に聞いた。（聞き手＝「聖教新聞」村上進・中谷光昭 記者）

吉澤　この歴史家と宗教家による異色の対談は、世界的に注目されましたね。米国歴史学会の重鎮で、トインビーと親交が深かったW・H・マクニール氏は、対談を「記念碑的な著作」と称しました。一九八九年に出版された、氏によるトインビーの追悼論集『アーノルド・トインビー——その生涯』の結語にも、トインビー・池田対談の歴史的な意義が論及されています。

また、「ユネスコ」（国連教育科学文化機関）の事務局長を長く務めた松浦晃一郎氏も、対談の「普遍的な価値」を評価しています。変動する時代の本質を読み解く大局観を育む上で、この対談を若い世代にこそ読んでほしいと語っています。

私自身も、主にトインビーの側からですが、これまで対談の真価についてふれてきました。対談が始まった七〇年代当時、洋の東西を、宗教、民族等の差異をこえた歴史家と宗教家の対談は極めてまれであり、その点でも画期的な著作でした。英語版のタイトルは、トインビーの発意で『旧約聖書』に由来する『生への選択（CHOOSE LIFE）』と付されました。

その後の二十一世紀の到来は、同時に「第三の千年紀」を告げる一大転機ともなり、私たち人類の「生と死」の二者択一を問うているようにも思われます。

私は、対談を飾る和英の両表題には、東西の先賢が人類史の命運を案じた「黙示録」や「末法思想」の霊感が秘められているようにも思えます。いわば、今日の病める「人間と文明」に対する根源的な苦悩を刻み、私たち自身の新たな「生への選択」と「希望の道」を問い掛けるかのようです。

また、対談の第二部・第四章の原題は「一つの世界へ」です。その関連テーマとして、「東アジアの役割」「中国と世界」「世界統合化への課題」等の諸問題が論じ合われています。いずれも、世界史の未来を語るトインビー晩年の最終的な見解を収めたもので、極めて重要な文献です。

池田会長の業績は、東西文明の異なる視点を認めつつも、より高次の「人類共生」という課題に向けて「宗教間の対話」の道を開いたことです。トインビー・池田対談は、広大な歴史的慧眼と深遠な宗教的心眼による、明日の「地球文明」を育む希望の光ともいえるでしょう。

文明間の対話

――対談の開始は、ＥＣ（現在のＥＵ）発足から五年後のこと。両者は、諸国家の経済的統合から平和的統合へと深化させゆく方途について論じ合っている。「相互理解を不動の基盤として確立することこそ、平和を支える第一条件」と語る池田会長に、「人類がいずれ単一の家族であることを自覚し、またそのように振る舞っていくものと期待しています」と応じたトインビー博士。この応答に、「文明間対話」を進めるヒントがある。

吉澤　今日、文字通り「地球文明」の時代を迎えています。その名付け親は、英国の代表的な歴史家であるＧ・バラクロウです。実は、先のマクニールとこのバラクロウの歴史観に大きな影響を与え、新たな「世界史の窓」を開いたのがトインビーです。

ところで現況のグローバリゼーションの進行は、世界の不均等な発展から、新たな差別と序列を生んでいます。特に、アメリカのグローバル覇権や一極支配構造のもとに、過度の市場万能主義や競争主義のわなに陥っている。トインビーは、この現状を予見するように、「世界の合一化」の明暗と課題について精神的な観察をそえています。

いわば、今日の世界の一体化は、あくまでも「産業革命」によるのであって「精神革命」ではなかったという分析です。そこに「最高のコミュニケーション」の機会が「最大のディス・コミュニケーション」の災禍をもたらすという矛盾と悲運がある。トインビーは、この深遠な断層こそ現代文明の危機の本質であるとし、その歴史的な解明と望ましい方策を提示しています。

世界から注目されたユネスコの「文化の多様性に関する国際条約」(二〇〇五年)では、文化の貧困を招く画一化への懸念から、「心の領域に市場原理を認めない」とする国際的な意思表明と誓約が示されています。

今後、国連が唱える真の「文明間の対話」を育む道程として、多様な文化の独自性を尊重し、さらに心の奥底に響き合う「通底価値」の検証が重要でありましょう。

——トインビー・池田対談が開始された一九七二年は、ローマクラブの『成長限界』が発表された年でもある。対談では、「人間を取り巻く環境」と題し、深刻化する地球環境問題も論じ合われた。その解決に向け、両者が一致した見解の一つは未来への責任。「人類の子孫の生存権を奪っている」（池田会長）。「未来の世代から生存権を奪おうとしています」（トインビー博士）。その志向は今、時代精神へと昇華したといえる。

吉澤　今日の「病める地球」は、現に気候変動、環境汚染、資源枯渇、種の絶滅等の国境をこえた地球的問題群に直面しています。いずれも、自然そのものの変動というより、むしろ人間の貪欲に対する信仰と乱開発による「負の遺産」といえる。人類の飽くなき野望と繁栄がその住処《すみか》である生態系を破壊し、自ら危機を呼び込んだともいえましょう。

『成長の限界』が出版された翌年、欧米識者の証言集『明日の地球世代のために』が刊行され、トインビーも筆を執っています。そこで彼は、新たな人生の目的や理念に対する根本的な変革を求め、物質的な快楽から精神的な歓喜に向かう叡知と行動の重要性を強調しています。

最近では、著名な海洋探検家で地球倫理学を開拓したJ―Y・クストーも、「病める地球」の命運に警鐘を鳴らし、人類も「絶滅危惧種のリスト」に入るのだろうかと懸念しています。

彼は、人類と自然を等しく抱く「母なる地球」という観点から地球倫理の構築を訴え、中心命題として若い世代の運命を案じた「未来世代の権利」を宣言します。この構想は、ユネスコの有名な「文化の多様性に関する世界宣言」（二〇〇一年）を導く源泉となりました。

トインビーもまた、広大な歴史的検証から「文明の同一性は、その差異性よりも重い」ことを明かし、遺著とされる『人類と母なる大地』（一九七六年）を、次のように結んでいます。「人類は、母なる大地を殺すのであろうか。それとも救うのであろうか」「母なる大地の子である人間は、仮に母を殺す罪を犯すなら、それ以後生きのこることはないであろう」。今新たに、この深遠な宇宙観と未来への警鐘を心に留めたいものです。

自己超克の精神

――対談で、池田会長は、仏法の「依正不二」の原理を示し、人間と自然が互いに依存し合う関係にあると述べる。トインビー博士は、〝依正不二〟の理念はキリスト教以前のギリシア・ローマ世界における世界観だったと共感を寄せる。そして、人間の貪欲性によって生じた自然破壊は、人間の内面的な変革によって解決されると結論する。

吉澤　フランスの名高い哲学者ミシェル・セールは「自然契約への回帰」という論考で、すべての自然と生きとし生けるものを新しい権利の主体として捉え、その変革を託す唯一の当事者は未来世代であると結んでいます。このような人類精神史の改宗と英断こそ、二十一世紀の「地球文明」を導く道標となりましょう。

さらに、世界的な比較文明学者の伊東俊太郎氏は、人類文明史上の仏陀やキリストといった世界宗教の始祖たちによる「自己超克の精神」の体現を「精神革命」と名付けています。今こそ、宗教間の対立を乗り越える「新たな精神革命」が不可欠であることを明らかにしています。その広い内在的な把握と胸に迫る高揚感は特筆されましょう。

今日、人類の苦悩と希望を分かつ新たな「地球文明」の自己変容として、文明と価値の転換問題があります。その精神的な視座として池田会長が説く仏教思想に学べば、人間の生命活動として、その過信行為を自制する「中道の精神」や、人間と自然の共存原理を明かす「依正不二」といった法理が、新たに甦ることでしょう。

トインビーは晩年、次のような重大な予告を残しています。「今から千年後の歴史家が二十一世紀について書くとすれば、彼は資本主義と共産主義という政治論争や科学技術の著しい発展ということではなく、歴史上初めてキリスト教と仏教の対話が深く浸透し合うという問題であろう」。その卓抜な視点から、あらためてトインビー・池田対談が発する真の精神を、未来世代の人びとが創意をこめて受け継いでほしいと期待します。

［初出］「聖教新聞」（二〇一七年五月五日）吉澤五郎インタビュー（一部改稿）

第四部

「トインビー追想」の調べ

「トインビー・市民の会」の航跡――文化ＮＧＯの先駆として

トインビー思想のゆくえ

トインビーは、自ら「日本を発見したことにより、また永遠の生命も与えられた」といえよう。この一文は、新たに壮大な「環境考古学」への道を拓き、未来の生命と文明の行く末を案じた安田喜憲氏の研究余滴である（『環境考古学への道』、ミネルヴァ書房、二〇一三年）。長年、新しい知的挑戦と創造に挺身した安田氏にとって、アーノルド・トインビーは忘れられない「憧憬の師」の一人でもあった。じじつ、本書には「アーノルド・トインビー」と題する一節が設けられており、その多彩な功績と人脈が述べられている。さらに、トインビー思想を母体とする「トインビー・市民の会」の誕生と活動風景が、温かいまなざしで描かれている。

まず最初に、日本・文化ＮＧＯの先駆とされる「トインビー・市民の会」の誕生と活動を顧み、またその後身となる「トインビー・地球市民の会」の新たな躍動について素描したい。なお、この両者は、トインビー文明史学の学問的な展開を企図した「比較文明学会」（一九八三年創設）の一母体となり、今日におよぶ国際交流と学際的な発展の礎《いしずえ》ともなった。ちなみに、安田氏が、もう一人の「憧憬の師」と仰ぐ伊東俊太郎氏は、新設の「比較文明学会」の初代会長であり、また「トインビー・市民の会」の長年の顧問でもあった。安田氏が、いみじくもトインビー思想のゆくえとして、その「永遠の生命」をあえて日本に求めたゆえんであろう。

「トインビー・市民の会」の自画像

まず、先陣の「トインビー・市民の会」（一九六八―九七年）について、その趣旨と社会的波紋の一端を記したい。本会は、「二十世紀最大の歴史家」と謳われたアーノルド・トインビーの思想と歴史観を「広く研究・普及する」ことを目的として創設された。早速、トインビーから「大きな名誉」として同意と祝福を伝える「書簡」を受ける。この記念すべき書簡は、後日「トインビーの誠意あふれる自筆の手紙」（「朝日新聞」、一九六八、九・一九）として写真入りで紹介された。

その後、多くの良識ある市民および学識経験者や政・財界首脳の熱意と協力によって、内外にわたる広範な事業が展開された。ちなみに、本会草創期の推薦者（顧問）には、政・財界から当時の片山哲（元首相）、永井道雄（文部大臣）、土光敏夫（経団連名誉会長）、平岩外四（経団連会長）、木川田一隆（東京電力社長）等の諸氏、および学界から谷川徹三（法政大学総長）、蠟山政道（元お茶の水女子大学学長）、松本重治（国際文化会館理事長）、小林直樹（東京大学名誉教授）、西川潤（早稲田大学教授）等の諸氏が並んでいる。私も、創設者の高品増之助氏や恩師でもある山本新氏の誘いで参加することになり、早速会誌『現代とトインビー』の編集責任を負う羽目となった。

　つぎに、本会の主要な活動を概観しよう。毎年秋には、本会最大の行事として「市民集会」が開かれた。その折は、毎回トインビーのメッセージが寄せられ、主要新聞の紙面を飾った。とくに、トインビーの提言として、世界の平和構築を目ざす「核の廃絶」や人類の至宝である「精神的な豊かさ」への開眼等が謳われている。いずれも、今日の世界的な転換期が直面する重要な課題である。さらに、本会の全国的な活動の一環として「地方講演会」や「支部」が設けられた。その他、本会の発足と同時にスタートした「月例講演会」は二二二回を数える。また、一連の多彩な「公開講座」や三つの「ゼミナール」も並行して進行した。会誌『現代とトインビー』も九三号を重ねている。

　他方、対外的には、「トインビー生誕一〇〇年」を記念した国際フォーラム「人間と文明のゆ

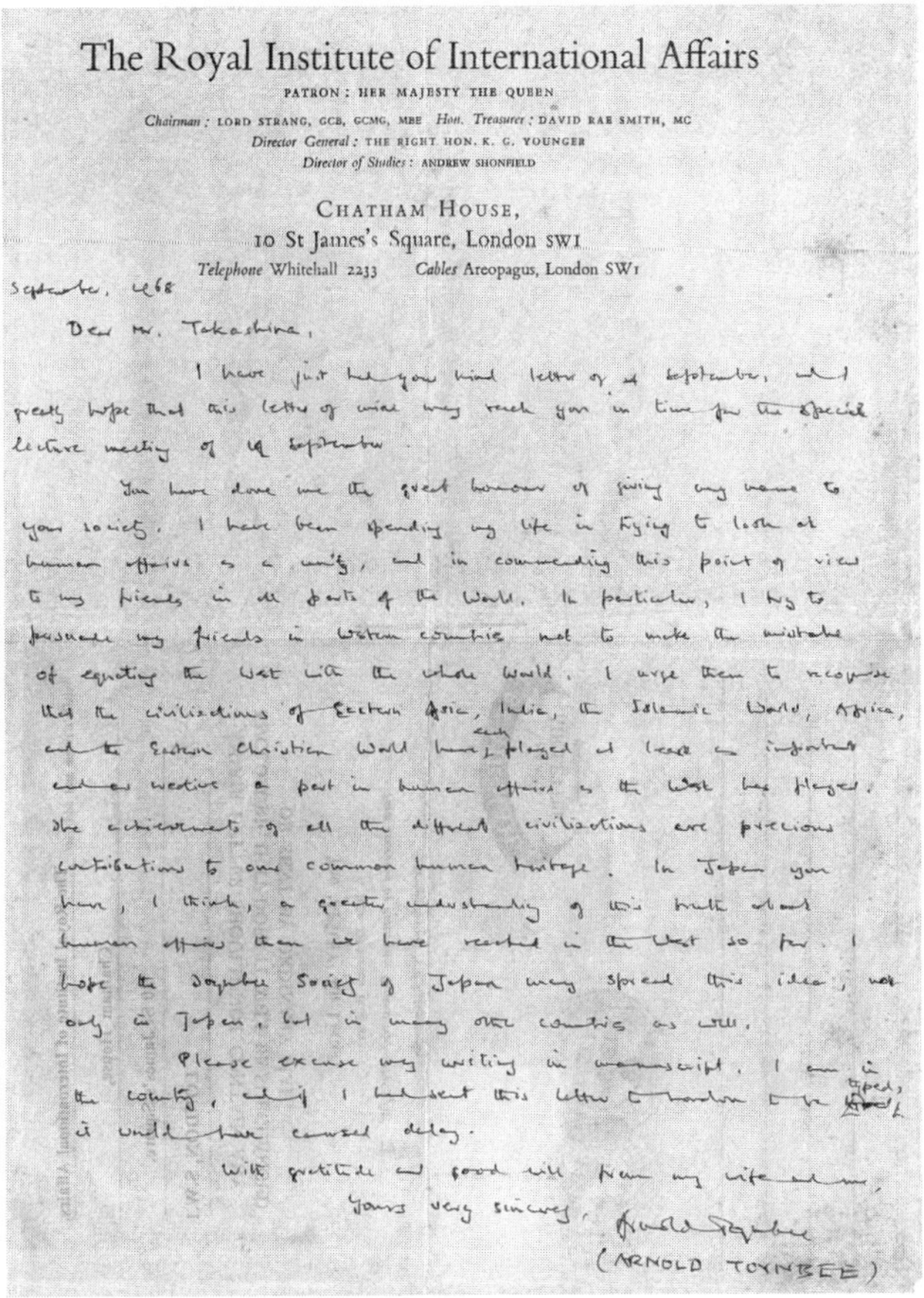

The Royal Institute of International Affairs

PATRON: HER MAJESTY THE QUEEN

Chairman: LORD STRANG, GCB, GCMG, MBE　*Hon. Treasurer:* DAVID RAE SMITH, MC

Director General: THE RIGHT HON. K. G. YOUNGER

Director of Studies: ANDREW SHONFIELD

CHATHAM HOUSE,

10 St James's Square, London SW1

Telephone Whitehall 2233　*Cables* Areopagus, London SW1

September, 1968

Dear Mr. Takashima,

I have just had your kind letter of 4 September, and I greatly hope that this letter of mine may reach you in time for the special lecture meeting of 19 September.

You have done me the great honour of giving my name to your society. I have been spending my life in trying to look at human affairs as a unity, and in commending this point of view to my friends in all parts of the World. In particular, I try to persuade my friends in Western countries not to make the mistake of equating the West with the whole World. I urge them to recognise that the civilizations of Eastern Asia, India, the Islamic World, Africa, and the Eastern Christian World have, each, played at least as important and as creative a part in human affairs as the West has played. The achievements of all the different civilizations are precious contributions to our common human heritage. In Japan you have, I think, a greater understanding of this truth about human affairs than we have reached in the West so far. I hope the Toynbee Society of Japan may spread this idea, not only in Japan, but in many other countries as well.

Please excuse my writing in manuscript. I am in the country, and if I had sent this letter to London to be typed, it would have caused delay.

With gratitude and good will from my wife and me,

Yours very sincerely,

Arnold Toynbee

(ARNOLD TOYNBEE)

「トインビー・市民の会」の創設に際し寄せられた
トインビーの直筆書簡（1968,9.12）

くえ」（一九九八年・国立教育会館）を皮切りに、一連の「アジア国際フォーラム」が行われた。晩年のトインビーが期待を寄せた「東アジア」の韓国、中国、そしてベトナムを舞台にして、その雄大な歴史観と有効性を討議した意義は大きい。それらの「報告書」もふくめた本会関連の単行書は、すでに一〇冊余にのぼる。その一部は、すでに中国・台湾等でも翻訳されており、国際的な評価も高い。昨今では、本会が発信した「地球文明」や「地球市民」といった言葉の響きも、身近に定まった観がある。

「トインビーを語る」思い出の人びと

ここで、本会（「トインビー・市民の会」）の自画像を描くとしよう。その核心は、近年「ユネスコ」が提唱（一九七一年）し、日本でも流行をみた「生涯教育」のいち早い実践であった。また、もし国際化時代の地球意識のもとに、国境をこえて活動する市民組織を「ＮＧＯ」（非政府組織）と称するのなら、本会の政策提言をおりこむＮＧＯ歴は三〇年を閲《けみ》したことになる。

ここで、本会に対する外部評価の一例をとりあげよう。たとえば「朝日新聞」の「社説」では、本会の活動にふれながら「トインビー氏の唱えたような、民族自決や国家主義を超える広い枠

「トインビー・市民の会」が主催した講演・討論会（テーマ「未来を生きる」、東商ホール）

組みが、今日ほど必要とされるときはない」（一九九五、一・八）と診断している。また、本会の解散に際して「毎日新聞」は、「アカデミズムを超えた市民運動として、トインビーの精神に学び、未来を考える市民レベルの活動を展開した意義は大きい」（一九九七、一・五）と説いている。

　他面、私なりの「トインビー体験」として、本会で交わった「思い出の人びと」の印象も深い。ある時は、会誌『現代とトインビー』の新企画として「トインビーを語る」というシリーズを設けたことがある。その折は、トインビーに関心を寄せる代表的な政・財界人を訪ねて、心ゆくまで談論する幸運なひと時ともなった。その誌上に登場する人びとは、当時の片山哲元首相をはじめ、西春彦（元駐英大使）、永井道雄

（文部大臣）、池田芳蔵（三井物産社長）、田代茂樹（東レ名誉会長）等の諸氏である。ちなみに、その折のインタビュー記事に付された「タイトル」は、つぎのようである。上記の順を追って、「憲法第九条の評価に深い感銘」（片山）、「誠意を欠く日本外交」（西）、「広い歴史的視野と実際性」（永井）、「世界史から核心をつく」（池田）、「挑戦と応戦の魅力」（田代）となる。いずれも、現実の重責を担う指導者の見識として傾聴したい。

まず、「第一回」のインタビューは、片山哲元首相であった。私は、本会代表理事の高品増之助氏とともに藤沢・鵠沼のご自宅を訪問した。その折、自宅療養中の片山元首相は、インタビューを快く承諾され、長時間におよんで「トインビーを語る」貴重な場面となった。とくに、トインビーの「憲法第九条は、人類の未来の希望である」とした言辞にふれ、平素からの敬愛の念と深き感慨の胸中を明かされた。さらに、その憲法「前文」は、今後人類を滅亡から救う「世界憲法」の根底となり、きっとトインビーの精神にかなうものとなろうと力説された。

なお私事ながら、その帰途につく挨拶の折、病床からやや身を起こされ、一若輩の私に「トインビーを学んでいる吉澤君、頼むよ！」と洩らされた一幕があった。その思わぬ一言は、いまもトインビーにかかわる境遇として、天命かのごとく深く脳裏をしめ「歴史的な遺言」の重みを秘めている。その古き「思い出」は、いま新たな「安全神話」がたゆとう日本への教訓として、明日の命運を占うかのようである。

新生「トインビー・地球市民の会」の躍動

つぎに、後続の「トインビー・地球市民の会」（一九九七―二〇一五年）について、その前者からの移行と独自の活動について顧みたい。いち早く、日本の精神風土に新風を送った「トインビー・市民の会」は、その創設三〇周年を期して、新たに「トインビー・地球市民の会」に継がれることになる。その背景には、トインビー死後の大きな情勢変化や、傑出した先導者の相つぐ他界等があった。もはや、これまでのような大規模な事業計画や組織運営は望むべくもない。しかし、新たに本会は、先人の高邁な精神と豊穣な遺産を糧にして、小規模ながらトインビー思想の新たな展開に向けて着実な地歩を固めたといえよう。

　ここに、新生「トインビー・地球市民の会」の主要活動を概観しよう。本会の主軸となる「地球市民ゼミナール」は一二二回を数え、また新装の会誌『二一世紀とトインビー』は一八号（『現代とトインビー』通巻一一一号）を重ねた。その他にも、独自の企画として「トインビー読書会」や「輪読会・アゴラ」等の定例活動も継続された。いずれも、トインビー思想の現代的な意味と重要性を討議し、またその著作との対話から、新しい日本の使命と命運を問うものであった。

他方、対外的な事業として、つぎのような記念事業が催された。第一は、「トインビー没後三〇周年記念講演会」（二〇〇五年、上智大学）である。その折の総合テーマは、「文明間の対話と日本の選択」である。いわゆる、人類が共存のルールとして創案した「文明の精神」と日本の課題を問いかけたものである。第二は、「トインビー生誕一二〇周年・記念シンポジウム」（二〇〇九年、麗澤大学）である。その総合テーマは「人類と母なる大地のゆくえ——いまトインビーが発信するもの」である。いわゆる、トインビーの歴史的知見と未来的洞察を再吟味したものである。折しも、国連の「国際和解年」に際して、トインビーの思想的な真価と実践的な方位を検証した意義は大きい。

この他にも、準公式の対外事業として、たとえば「二一世紀の平和構築——比較文明学と国際政治学の対話」（二〇〇八年）や「三・一一以後——未来を生きる挑戦に向けて」（二〇一一年）等の対話集会がもたれた。いずれも、トインビーの知的地平と日本の受難を問う熱き討議となった。

他面、本会の顔となる会誌『二一世紀とトインビー』を検分するとき、とくに「巻頭言」を飾った「思い出の人びと」の肖像が甦る。その一連の寄稿者として、本会の顧問でもある伊東俊太郎氏（東京大学名誉教授、国際比較文明学会名誉会長）や片倉もとこさん（国際日本文化研究センター所長）をはじめ、神川正彦（比較文明学会名誉理事）、服部英二（地球システム・倫理学会長）、松本亮三（比較文明学会長）等の諸氏が登壇する。各氏とも、トインビーを先達とする比較文明学の国際的な論客であり、また私の親しい畏友でもある。

ここに、参考までに各氏が掲げた「論題」を紹介しよう。上記の順を追って、「平和の使者トインビーと比較文明学――トインビー没後三〇年に寄せて」（伊東）、「感性と理性のあわい――トインビーのシルエットをおいながら」（片倉）、「二一世紀とトインビー――ナショナリズムをこえられるか」（神川）、「文化の多様性とトインビー――生誕一二〇周年に寄せて」（服部）、「人類と『母なる大地』のために――本会創設四五周年に向けて」（松本）となる。

さらに、本会顧問として尽力された國弘正雄氏（元ニュースキャスター）、数原孝憲氏（前アイルランド大使）、高山智氏（朝日新聞論説委員）等の論究も、世界の現実を俯瞰する重厚なものであった。今後、トインビー論への問題視角および巨視的展望の指針として、その刺激と含蓄は深い。

なお、片倉もとこさんと神川正彦氏の論考は、図らずも病を押しての貴重な遺稿ともなった。世に一介の本誌が、ときに「有望な学術誌」と評され、また「永久の保存版」とも称されたゆえんでもあろう。ちなみに、トインビーに造詣の深い小野寺功氏（清泉女子大学名誉教授）は、本会の印象について「一般市民とアカデミズムの両面が備わっており、生命がみなぎっていて尽きることがないようです。これが、大きな魅力です」（『二一世紀とトインビー』一七、二〇一四年）と語っている。

「トインビー・後」と明日への挑戦

おそらく、トインビーの令息ローレンス・トインビー氏が語るように、本会のように「トインビー」の名を冠した文化活動は世界でも稀であろう。その「トインビー・地球市民の会」の歴史は、惜しくも二〇一五年をもって幕を閉じることになった。

申すまでもなく、これまで通算四七年の歳月を有し、あとわずか三年で「創設五〇周年」の佳節を迎えるところであった。その晴れ舞台を目前にした終焉は、やはり一抹の寂寞感を誘う。この不測の事態について、泉下のトインビーに伺いを立てればどうであろうか。いささか、自愛の念をこめて解すれば、きっとトインビーは寛容なまなざしで「微笑みの承諾」をあたえることであろう。私自身、微力ながら本会の創設にかかわった一人として、いまや「語り部」的な存在でもある。その道程は、トインビーの「崇高な夢」に身を託した一挑戦として、苦悩する人間存在の出会いと飛翔を体得する貴重な財宝ともなった。いま、あらためて「未来に向かって顧みる」感慨は深い。

さいごに、本会（「トインビー・市民の会」および「トインビー・地球市民の会」）に関する共同の使命と現代的な意義について、新たに総括するとしよう。もとより、本会の使命は、トインビーの思想を創造的に問い続けることである。その雄大な知的遺産を今日から明日への「未来志向」において実践することである。ここに、その現実と交わる中心課題の一例をかい間見るとしよう。

かつて、トインビー生誕一〇〇年の記念事業として、国際論集『人間と文明のゆくえ』（秀村欣二監修、吉澤五郎・川窪啓資編、日本評論社、一九八九年）を刊行したことがある。その「目次」には、トインビーの知的肖像として「三つの柱」を掲げている。すなわち、一、歴史家トインビー　二、国際政治学者トインビー　三、求道者トインビーである。

ところで、この「三つの柱」は、同時に現代への挑戦となる「三つの革命」に連動するものであろう。すなわち、第一のトインビーの歴史観は、B・バラクロウ（イギリス歴史学協会会長）が指摘する世界史的な「視野の革命」として、日本で論議の渦中にある「歴史認識」の問題につながる。第二のトインビーの国際政治観は、強国支配の近代国際法をこえる「思考の革命」として、異なる他者と弱者をつつむ「正義と公正」の思想に昇華されよう。第三のトインビーの宗教観は、自己中心的な真理の独占権を排する「価値の革命」として、宗教的な寛容をうながす「開かれた救済」の啓示ともなろう。

このように、明日の「地球文明」への希求として、トインビーがつむぐ「三位一体」の価値観と実践の道こそ、本会の使命と存在理由を導くものであった。そのトインビーが秘めるメッセージは、新たに「人間と文明のゆくえ」を問い、さらに雲行きのあやしい「日本」の船出を照らしている、といえよう。

ここに、「トインビー・市民の会」および「トインビー・地球市民の会」は、遥かなる大海に漕ぎ出た小船として、およそ半世紀にわたる洋々たる航海の錨を下ろす。いとも微小なる自分史にとっては、新たに求道者トインビーの高雅な精神を胸にきざむ、不可逆な人生の「終わりのはじまり」でもある。その私的遍歴のいとまにも、やはり「トインビーは死すれど、いまなお語る」、いな「いまこそ語らねばならない」との想いを深める昨今である。

「比較文明学会」の誕生――「開かれた知」への船出

「新知」の創造を求めて

新たに、もっとも「総合的な学問」を目ざした「比較文明学会」が発足して、まもなく四〇周年を迎える。その「設立趣意書」（神川正彦・創案、一九八三年十月）には、いわゆる近代知の「分析性」をこえる総合への学問的な努力と、すべての苦闘する人びとに開かれた学会への決意が謳われている。

その道程は、先駆者の身を削るような苦闘を刻みながらも、遥かなる創造の歓喜に満ちたものであった。まず、日本比較文明学の黎明を飾る「二人の先駆者」に注目したい。いわゆる、高邁な思想と知的挑戦に富む山本新氏と梅棹忠夫氏である。両氏の、あえて時流に抗した独創的な探求と豊穣な知的遺産は、じつに瞠目すべきものがある。ここに、新学会の誕生劇に立ち会った一人として、その爽やかな「記憶の遺産」をたどりながら、明日への希望と展望を試みたいと思う。

本学会の誕生は、一九八三年の十二月であった。その母体は、先の山本新氏を代表とし、新たに「比較文明の総合的な研究」を企図した「文明論研究会」（一九七八―八二年）である。その発起人には、とくに文明論の現代的な重要性を任じる代表的な識者（二八名）が並んでいる。その顔ぶれには、谷川徹三、板垣与一、秀村欣二等の諸氏とともに、新進気鋭の伊東俊太郎氏の姿がみえる。おもな活動として、二〇回におよぶ定例研究会をはじめ、夏季の軽井沢シンポジウム、「会報」の発行等を精力的にこなしている。

じつは、ある定例研究会の帰途に、伊東俊太郎氏から、新たな知的発展を期して「開かれた学会」を作りたい、との意向を伺った。早速、私も賛意をこめて山本代表に報告し、その全面的な協力を約束された。すでに、時代の機運は熟しており、ここに新学会誕生の種子がまかれたことになる。不運にも、山本氏は一九八〇年に病にたおれ、鬼籍に入られた。

新たな「比較文明学会」は、万場一致で選出された伊東新会長のもとに発足した。その設立の発起人には、人間諸科学の叡智を結集する第一線の学者（六六人）が名を連ねている。まず、その学際的連携の重厚な布陣に目を留めたい。本来、「文明」とは歴史的な有機体である。したがって、「文明の多様性は、人間諸科学と関連づけて定義される」（フェルナン・ブローデル）ともいえる。さらに、他ならぬ「人間」の歴史として新たに総合さるべきであろう。比較文明学の意図は、個別的な分化性を全体的な知見につなぐ、一種の「人間の革新」を秘めているともいえよう。

若輩の私も、早速「学会・ことはじめ」の任務として、東の谷川徹三氏と西の桑原武夫氏に「学会・顧問」の依頼をしたことがあった。その折、電話での応答ながら「ご趣旨に賛成です。ぜひ頑張って下さい」との激励の言葉は、いまもって忘れがたいものがある。ちなみに、谷川氏は、創設来の「トインビー・市民の会」の顧問である。また、桑原氏は、トインビー晩年の大作『図説・歴史の研究』（一九七六年）の邦訳・責任者である。日本の「代表的な知識人」である両氏の、トインビーに対する造詣は深い。

「比較文明学」への関心と評価

また、学会創設の礎となった東の山本氏を中心とする「文明論研究会」グループと、西の梅棹氏を中心とする「国立民族学博物館・文明学部門」グループとの合流は、新知・比較文明学の躍進をみる歴史的な快挙であった。すでに、国立民族学博物館では、梅棹忠夫館長の還暦を記念したシンポジウム「文明学の構築のために」（一九八〇年）を開催している。その小松左京氏を司会者とした報告書は、翌年に同名のタイトル（梅棹忠夫編、中央公論社、一九八一年）で刊行されている。新たな比較文明学の誕生と進展にとって、このシンポジウムが果たした先導的な役割は大きい。

なお、この新たな「文明学」研究の動向に呼応して、国立民族学博物館を舞台とする一連の「共同研究」（杉田繁治代表）が開催された。その第一回（一九八七年）のテーマは「比較文明の方法論の研究」であり、第二回（一九九一年）のテーマは「技術の比較文明」であった。いわゆる、文化人類学と比較文明学との対話は、他ならぬ「人類の全体性」への志向として不可欠な課題でもあった。その創設期のメンバーは、民博側の濱口恵俊、石毛直道、片倉もとこ、中牧弘充等の諸氏および東京から神川正彦氏と私が出席した。

さらに、「もう一つの母体」として、広く先駆的な基盤を拓いた「トインビー・市民の会」（秀村欣二代表、一九六八―九七年）の貢献も見落とせない。

他方、日本の主要紙は、本学会の創立に際して、こぞって大きな関心と期待を寄せた。その一例を「見出し」にみれば、「比較文明学の方法論を探る」（『朝日新聞』、一九八三、十一・十一）、

「世界に先がけ『比較文明学会』」(「日本経済新聞」、一九八三、十二・十四)等である。また、本学会の機関誌『比較文明』の創刊に際しては、同じく「刺激に期待―比較文明学」(「朝日新聞」一九八六、二・一)、「視野広く『比較文明』創刊」(「毎日新聞」、一九八五、十二・十九)、「新しい学問の入門書・発刊」(「読売新聞」、一九八五、十二・十七)等である。いずれも、創刊号の特集テーマ「比較文明の地平」を話題にしながら、その新しい学問の間口の広さと多彩な論考に期待を寄せている。

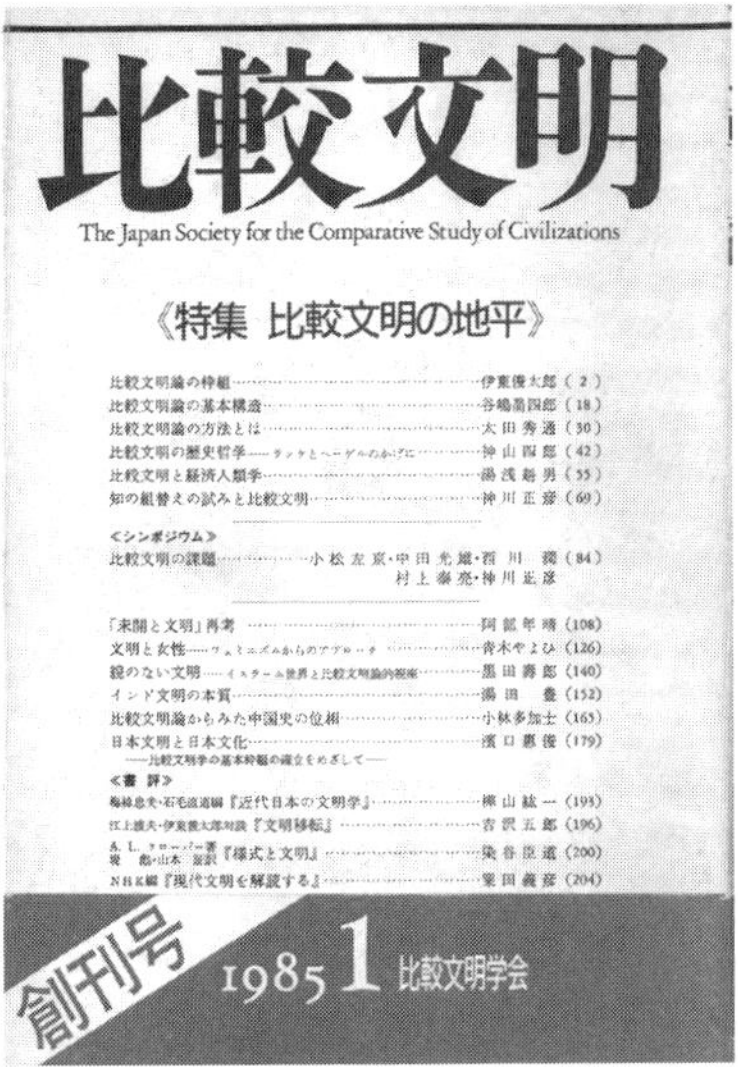
比較文明
The Japan Society for the Comparative Study of Civilizations

《特集　比較文明の地平》

比較文明論の枠組……伊東俊太郎(2)
比較文明論の基本構造……谷嶋喬四郎(18)
比較文明論の方法とは……太田秀通(30)
比較文明の歴史哲学……ランケとヘーゲルのかげに……神山四郎(42)
比較文明と経済人類学……湯浅赳男(55)
知の組替えの試みと比較文明……神川正彦(69)

《シンポジウム》
比較文明の課題……小松左京・中田光雄・西川潤・村上泰亮・神川正彦(84)

「未開と文明」再考……阿部年晴(108)
文明と女性……フェミニズムからのアプローチ……青木やよひ(126)
鏡のない文明……イスラーム世界と比較文明論的視座……黒田壽郎(140)
インド文明の本質……湯田豊(152)
比較文明論からみた中国史の位相……小林多加士(165)
日本文明と日本文化……濱口惠俊(179)
――比較文明学の基本枠組の確立をめざして――

《書評》
梅棹忠夫・石毛直道編『近代日本の文明学』……樺山紘一(193)
江上波夫・伊東俊太郎対談『文明移転』……吉沢五郎(196)
A. L. クローバー著 堤彪・山本證訳『様式と文明』……染谷臣道(200)
NHK編『現代文明を解読する』……栗田義彦(204)

創刊号
1985 1 比較文明学会

『比較文明』の創刊号

その後においても、機関誌『比較文明』への関心と評価は高い。たとえば、本会創立一〇周年記念号(第一〇号、一九九四年)についても、その特集テーマ「文明の共存――衝突説を超えて」に関する長文の論評を掲載している。その末尾は「話題のハンチントン論文の周到な批判」を通じて、「創立一〇周年を経た学会の成熟をうかがわせるものがある」(「毎日新聞」、一九九五、一・四）と結んでいる。

「国際比較文明学会」の開幕

ところで、比較文明学の「歴史的な開幕」を告げたのは、一九六一年の「第一回国際比較文明学会」（ＳＩＥＣＣ、オーストリア・ザルツブルク）である。今年（二〇二一年）は、その創設六〇周年にあたる。本大会には、未来への創意を秘めた「メタ・ヒストリー」（歴史形而上学）の学会として、多くの知的巨匠が参集している。トインビーも、初代会長のＰ・Ａ・ソローキンの招請により、その理論的な指導者として出席している。

まず、大会の序幕を飾るシンポジウムは、つぎのような「六つのテーマ」を掲げている。一、文明の実在性　二、文明研究の方法　三、諸文明の交流　四、世界史の問題　五、文明の未来像　六、「一つの世界」である。新たな学的試行として、その既成の諸科学を「超える」基本問題の提示と、明日の命運を問う実践的な討議に注目したい。

また、この歴史的な大会は、ユネスコ・パリ本部およびオーストリア・ユネスコ国内委員会が特別協賛者となっている。申すまでもなく、「ユネスコ」（国連教育科学文化機関）が掲げる基本理念は、「多様性の中の共生」である。この新たな価値理念は、比較文明学が謳う「架橋の精神」（ポンティフィクス）とも響きあうものがあろう。ちなみに、ユネスコ傘下の学術誌『ディオゲネス』は、いち早く「トインビー特集号」（一九六五年）を組み、その「大いなる問い」と深遠な洞察に注目している。

東西知性の対話と交歓

なお、一九九八年には、日本において「第二七回国際比較文明学会」が麗澤大学で開催された。じつは、それに先立つ一九九五年に、伊東俊太郎氏は「国際比較文明学会」（ＩＳＣＳＣ）の会長に就任している。まさしく、「日本人初の会長」の門出を飾る国際大会ともいえよう。また、本大会は「アジア初の国際比較文明学会」として、主要各紙の高い関心を誘った。伊東氏自身も、「時の人」（「朝日新聞」、一九八八、六・十）として大きく紙面を飾り、その日本発の熱いメッセージは、心ある読者の深い共感を呼んだ。

大会の総合テーマは、「環太平洋文明の台頭」である。また、大会のプログラムとして、公開講演会はじめ、シンポジウム、日米両学会の対話等の多彩な催しが組まれた。とくに、梅棹忠夫氏は、高齢の身を押して登壇し、「わたしの比較文明学」と題する慧眼に満ちた講演を行った。また、伊東氏は梅棹氏の良き対談者となり、座長は米山俊直氏が務めた。さらに、初の日米両学会による「対話と討論の会」は、アメリカ側から国際比較文明学会会長のロジャー・W・ウェスコットおよび前会長のM・パレンシア・ロスの両氏、日本側は神川正彦氏と私がパネリストとして出席した。果たして、東西知性の対話は可能だろうか。

余談ながら、大会前日のプログラムには、エクスカーションとして「鎌倉・古刹探訪」の旅が組まれていた。その折、最初に訪れたのは、広大な杉木立にひそむ円覚寺である。まず、同寺の長老・須原耕雲師の厚意により、国宝の「舎利殿」をはじめ、境内の多くの遺構を散策することができた。その折、幸運にも、「十王堂」（桂昌庵）に立ち寄ることになった。申すまでもなく、世界的に有名な『弓と禅』（一九四八年）の著者オイリン・ヘリゲルの「弓」を保管する宝庫である。ヘリゲルは、「立禅」としての弓道について、自ら弓を射るという「行」の習得を通じて、ようやく日本の武道・文化の「奥義」に達することができた、といえよう。いわば、ヨーロッパの最高の知性が、論理をもって神秘に対しながら、またその過程に疑惑と葛藤をはらみながらも、ついに日本的・特殊なるものの普遍性を体得した象徴的な事例でもある。

参加者一同の中でも、とくに文化的な関心が深いM・パレンシア・ロス氏は、特別の計らいで早速その弓を両手におさめつつ感激至極の様子であった。ふと、先のプログラム「日米対話」の彼方に、新たな「知の独創性と普遍性」が交歓し、相互にこだまする思いに駆られた一体験であった。

「日本比較文明学」の独創性と課題

ここで、新たな「比較文明学」の知的核心と課題について素描しよう。まず、予備的な考察として、その学名に冠する「二つのキーワード」を確認したい。第一に、研究対象としての「文明」についてである。その「文明」とは、歴史的に巨視的な研究対象を指しており、なによりも偏狭な民族史観や国家主義をこえる「全体性の視点」を意味する。第二に、研究方法としての「比較」である。その「比較」とは、いかにも独尊的な自己中心性を相対化する「関係性の認識」である。

通常、文明の誕生および生成問題には、特定の地域や歴史性に根ざす「内的構造論」と、他文明との相互交流を描く「外的変動論」の二つの側面がある。申すまでもなく、比較文明学の基本課題は、その両者を高次につなぐ関係枠組から、新しい「地球共生」の学的可能性を創出することである。総じて、近代西洋的な歴史観や価値観の反省に立ち、広く非西洋文明を組みこむ全体性の構図から、新たに知の再編成と価値定立を目ざすことになろう。今日、その学問としての「総合科学」と現実の問題解決を任じる「使命志向科学」としての「比較文明学」の責務は重い。

さいごに、日本比較文明学の独自の探求と展望について付記したい。まず、新たな学問の誕生問題として、自ら挑む研究課題の「自律的な設定」が問われることになろう。いわゆる、「近代・ヨーロッパモデル」の超克である。この点、日本比較文明学の「夜明け」は、独創的な知の風光に満ちている。その先駆的な事例を、まず「二人の先達」からかい間見よう。

その一人として、山本新氏は、従来の大文明主義をこえる「周辺文明論」を定立し、世界史上の偏見と余白を埋めながら、新たに全体的な文明史像を構築した。他の一人として、梅棹忠夫氏は、多様な文化様式や自然的要因を加味した「生態史観」から、伝統的な文明区分を塗り替える独自の世界史像を描出した。いずれも、新たな比較文明学の試みとして、その基本枠組と課題を明示している、といえよう。ひそかに、知的開眼と感慨を誘わずにおかない。なお一言すれば、かつて梅棹氏が「宗教的観念の伝播」論として援用した「疫学モデル」とのアナロジー（類比）は、現況の「新型コロナウイルス現象」を読みとく一創見ともされよう。

　もう一人の先導者・伊東俊太郎氏は、今日の学問状況と科学技術文明の批判的な検討から、いち早く「比較文明学」を提唱している。その新たな「地球的文明史」の構想は、広大な時空にわたる「人類史五革命説」と「文明交流圏説」を統合する画期的な文明史観である。さらに、最新の「比較・精神革命論」（シリーズ）は、いまや不可避な「環境革命」の文明史的な位相と人間存在の根基を明かす大作である。その一連の独創的な業績は、いまや深遠なる「宇宙連関論」に昇華される。まさに、本来、比較文明に課せられた「叡智の領域」（メタ・ヒストリー）への知的挑戦である。申すまでもなく、日本および世界の比較文明学の真価と精髄を究める前人未踏の業績である。

　このように、伊東氏が奏でる知的旋律は、およそすべての存在を慈しみ、新しい生命の誕生を讃歌する「地球交響曲」（ガイアシンフォニー）の観がある。一私観ながら、なによりも人びとの心の琴線にふれ、深く魅せられるものがある。今後、このような先達の豊穣な「知的遺産」をどう継ぐか。まさに、二十一世紀の「希望の知」として、新生「比較文明学」の深化と鼎《かなえ》の軽重が問われることになろう。

「旅する人間」の文明学——「聖なる美」の回廊を歩く

「文明史の旅」ことはじめ

人は、なぜ旅に出るのだろうか。その心象には、まだ見知らぬ土地への憧れと、自由な交歓を願う漂泊の心情がただよう。古来、洋の東西を問わず多くの人びとは、日常的な「一所定住」の呪縛《じゅばく》をこえて、新たな世界を夢見る「一所不在」の旅を続けてきた。およそ宇宙の一隅に座をしめる人間は、たえず天地万物が生々流転するように、自らも片雲の風に身をまかせ、各々に「此岸の楽園」や「彼岸の救済」を求めたのであろう。

つねづね、未知なる世界への旅は、自己を他者に照らして見つめる「自己観照」の泉となり、また独りよがりな迷妄を解く「自己超克」の舞台ともなった。もっとも今日では、「大衆観光」時代の到来とともに、旅の量的拡大と世俗化の大波が押しよせている。その新たな潮流は、果たして「観光」の本義である「国の光を観る」(「易経」)という源流に合流するのだろうか。

じつは、新たな比較文明学の先達であり、世に「二十世紀最大の歴史家」と謳われたトインビーは、終生にわたり「旅人」でもあった。彼にとって旅は、つねに新たな発見と著作の源泉となり、最高の価値をしめている。じじつ、畢生《ひっせい》の大著『歴史の研究』(全一二巻、一九三四―六一年)の構想も、じつは彼が「ギリシア―トルコ戦争」(一九二二年)の取材を終え、イスタンブールからロンドンに向かうオリエント急行の車中で書き留めたものである。

他面、トインビーの過去への旅は、同時に未来を投影する旅でもあった。彼にとって、最初の「ギリシア・ローマ旅行」(一九一一―一二年)は、たんに自己の学んだ学問的故郷を偲ぶだけではなかった。むしろ、激動する現代の鼓動を聞きとる「生きた歴史」の体験ともなった。

とりわけ、古代クレタ文明の遺跡では、かつて隆盛を誇った「ミノア帝国」が、まるで走馬灯のように興亡する「一つの文明」の命運をみとることになる。他ならぬ、現下の第一次世界大戦前夜の不安に心を駆られた、ともいえよう。その歴史的な危機と対決する「現代史の証言」が、トインビーの第二の主著ともなる『国際問題大観』(全三四巻、一九二五―五六年)である。

トインビーにとって、このような自己体験は、やがて過去の歴史と現在的な関心をむすぶ全体的な探求を誘うことになる。そこに、古き歴史学の「静《せい》謐《ひつ》なる歴史学」と袂を分かち、新しい「世界史学」に向かうトインビーの「文明史の旅」がはじまる。

「巡礼文明論」の調べ

私自身、このようなトインビーの旅の遍歴と知的改宗に魅せられながら、一連の聖地巡礼の旅路につくことになった。いわゆる、新たに「聖なるもの」の先験的な定義をこえる「巡礼文明論」の調べである。その主眼は、世界の東西にわたる「聖なる美」の回廊を踏査しながら、人類史の心性に通底する「普遍価値」を開示することである。

その第一回の旅路となったのは、ヨーロッパ中世史上に名高いスペインの聖地「サンティアゴ・デ・コンポステーラ」(一九七八年)である。その当時、まだコンポステーラの名を知る人も少なく、ましてスペインの「最果ての地」を目ざす巡礼者は稀であった。ちなみに、ユネスコの「世界遺産」に、このコンポステーラ(旧市街)が認定されたのは、かなり遅れて一九八五年である。また、その後に続く「巡礼路」の認定は一九九三年であった。

ところで、日本における「サンティアゴ巡礼」の「最初の旅人」は、おそらく美術史家として名高い柳宗玄氏であろう。その折の卓抜な観察を彫り込む巡礼記が『サンティヤーゴの巡礼路』

（講談社、一九八〇年）である。つぎに、サンティアゴ巡礼の「文学の旅」として、作家の小川国雄氏が続くことになる。その人間と巡礼の深遠な謎を解く巡礼書が『ヨーロッパ古寺巡礼――パリからサンチャゴまで』（平凡社カラー新書、一九七六年）である。以前にお会いした時も、遥かなるピレネー山脈越えの旅路と風景を偲びながら、懐かしい巡礼談義のひと時を過ごしたことがある。さらに、この小川氏の書を携えてサンティアゴ巡礼の「歴史の旅」に向かったのが、西欧中世史家の渡辺昌美氏である。とくに、中世を生きる人びとを巡礼に駆り立てる心象風景を記した『巡礼の道――西南ヨーロッパの歴史景観』（中公新書、一九八〇年）がある。

私たちは、この渡辺氏と同じ一九七八年に、サンティアゴ巡礼の途についたことになる。その趣旨は、中世巡礼行の「公式テキスト」（『聖ヤコブの書』、十二世紀中葉）に準じながら、できるだけ往年の原型を再現し、中世巡礼の真

吉澤五郎著
『旅の比較文明学　地中海巡礼の風光』

実にせまりたい、との思いである。時として、いまや訪れがたい僻地の巡礼地も結びながら、心新たに中世巡礼の恐れと感動を追体験したいとの祈願でもある。その一番手となったのが、他ならぬ「サンティアゴ巡礼」である。私も、いつしかゲーテの『イタリア紀行』（一八一六—二九年）のひそみに倣って、巡礼紀行の虜《とりこ》になった観もある。

スペイン「サンティアゴ巡礼」の道

それでは、定本の「サンティアゴ巡礼案内記」（『聖ヤコブの書』、第五章）に沿って、目的地「サンティアゴ大聖堂」に向かうとしよう。

まず、フランスから出発する主要な「四大巡礼路」が定められている。いわゆる、多くの巡礼路の中枢となる「フランス人の道」（カミーノ・フランセス）である。その起点は、北からパリ（トゥールの道）、ヴェズレイ（リモージュの道）、ル・プュイ（ル・プュイの道）、アルル（トゥールーズの道）となる。ヨーロッパ諸国から集う巡礼者たちは、各々にこの「四つのルート」をたどりながら、やがてピレネー山脈の「二つの峠」（ソンポール、ロンスヴォー）のいずれかをこえる。

その後、フランス内の南北に分かれたルートは、スペインのプエンテ・ラ・レイナ（女王の橋）

で合流して一本道となる。ここから、スペイン北西部の海岸線を横断し、名高いブルゴスやレオン等をへて、一路目的地の「サンティアゴ・デ・コンポステーラ」へ向かう。私たちも、いくたびともなく、その「四大巡礼路」を織り込みながら、時には春雪の舞うピレネー越えでサンティアゴに向かったこともある。

申すまでもなく、聖地サンティアゴは、先行のエルサレム、ローマとともに、西欧キリスト教世界で名をなす「三大巡礼地」の一つである。その聖性は、スペインの使徒「聖ヤコブ」（スペイン語名サンティアゴ）の亡骸を祀る墓所という伝承に負う。ちなみに、「コンポステーラ」という地名の語源は、一説に末期ラテン語の「墓地」によるともされる。すでに、ダンテの『新生』（一二九三年頃）においても、真の巡礼を告げる「三大巡礼」の一つとして登場している。

ところで、このサンティアゴ巡礼は、たんに一宗教現象に留まらない。むしろ、広くヨーロッパ中世最大の「歴史・文化現象」として、後世に大きな波紋を投げかけている。いわば、新興ヨーロッパ文明の誕生と形成にとって、それこそ「聖と俗」のドラマを一大融合する「生ける泉」でもあった。

西欧文明の誕生とイスラーム

　これまで、歴史上の巡礼は、通常の「個人の信仰を深める宗教行動」に留まらず、時として文明の「誕生問題」にも大きく立ち会っている。サンティアゴ巡礼の場合は、その典型的な事例であろう。ここに、新たに「西欧・キリスト教」文明の実像にせまり、さらに今日の「地球文明」にかなう「もう一つのヨーロッパ像」を描くことにしたい。いわゆる、「サンティアゴ巡礼の比較文明学」とも冠すべき一断想である。まず、サンティアゴ巡礼の歴史的な景観をたどりながら、その諸相と意義について検討しよう。

　第一に、歴史的な観点である。サンティアゴ巡礼は、それまで多様なゲルマン諸族の心を統合し、新たに一つの運命を担う「西欧キリスト教共同体」という理念を現実化した。その歴史的な背景には、何よりもイスラームのスペイン支配に対抗する「十字軍的な意図」がひそんでいる。いわゆる、史上有名な「レコンキスタ」(「国土回復運動」、七一一―一四九二年)の展開である。じつは、その精神的なシンボルとなったのが、スペインの宣教者および守護の聖人使徒として崇められた聖ヤコブであった。ここに、キリスト教軍の先頭に立ち、勇ましくイスラーム軍と戦う「モーロ人殺し」の聖ヤコブ像が成立する。

さらに、その異教徒の進出を阻む陰の演出として、サンティアゴ巡礼の聖化と組織化を推進した立役者が「クリュニー大修道院」である。これまで、西方の一辺境にすぎなかった聖地コンポステーラが、いまや比類なき位置をしめる。あえて、「西欧の心臓」とも呼ばれるゆえんである。ちなみに、今日の「欧州連合」（EU）も、この同一の運命共同体という「ヨーロッパ的な共時性」の理念を母胎にしている、といえよう。まず、このような西欧文明の自覚と形成にとって、その外的構成となるイスラーム文明の影響を無視できない。

第二に、社会・文化史的な観点である。コンポステーラをはじめエルサレムとローマを結ぶ大巡礼路は、西欧中世における交通体系の根幹となる。いわば、文明としての「ヨーロッパ」という地理的概念がはじめて授けられた。他方、高度なビザンツやイスラーム文化の伝達や物資流入のパイプラインともなる。さらに、その大動脈から毛細血管のように張りめぐらされた大小無数の巡礼路を通して、広くヨーロッパの文化的な統一体が実現する。すなわち、各教会や修道院を結ぶ地域的な交流や情報交換も密になる。いわば、全域にわたる人びとの共通の思考形態や生活様式さらに慣習・祭礼等の定着をみる。

ちなみに、有名なクリスマスに登場する「サンタクロース」の原像は、小アジア（現トルコ領・

ミュラー）の一司教である聖ニコラスである。この「聖ニコラス伝説」が、やがて「サンタクロース」に変身して広く流布されたのも、やはり巡礼路のネットワークに負う。今日、その遺骸を納める南イタリア・バーリの「聖ニコラウス聖堂」（サン・ニコラ聖堂）から、陸・海上にわたる「巡礼ルート」を通してヨーロッパ全土に広まったことになる。

「ロマネスク美術」とオリエントの遺産

第三に、美術史的な観点である。とくに、「ヨーロッパ的な精神」の真の発現とされる「ロマネスク美術」の誕生について一瞥しよう。一般に、名高い「ロマネスク美術」（十世紀末―十二世紀）は、その多くが大聖地サンティアゴに向かう巡礼路上に登場する。いわゆる、サンティアゴ大聖堂をモデルにした同一の造形表現が考案されている。美術史上、キングスレー・ポーターが名づける「巡礼路様式」の景観である。いまや、その道程は、一群の静謐な「神の家」のシルエットが浮かび、厳《おごそ》かな芸術の道に変貌する。

この一連の芸術様式の成就こそ、その後西欧世界を彩る「ロマネスク美術」の礎石となる。いわば、ヨーロッパ・キリスト教美術の誕生を告げる「ロマネスク美術」は、じつはコンポステーラ大聖堂を模範とする巡礼路に開花した芸術でもある。たとえば、フランスの巡礼路に佇《たたず》むコンクの「サント・フォア聖堂」やトゥールーズの「サン・セルナン聖堂」等は、その代表的な事例となろう。そのロマネスク美術について、フランスの著名な美術史家であるエミール・マールは「十二世紀の偉大な芸術」と謳い、同じくアンリー・フォションは「西欧最初の独創的な芸術」と定義する。その、麗《うる》わしき代表事例に目をとめたい。

私の関心は、このような一元化された「創造性」や「独創性」の背後にひそむ、多元的な「影響文明圏」の問題である。その源泉には、多くのイスラーム圏やオリエント文明の遺産があるといえよう。

たとえば第一に、イスラーム支配下のキリスト教美術である「モサラベ美術」（九世紀末―十一世紀末）がある。その代表的な作例として、北スペインのレオン地方にある「サン・ミゲーレ・デ・エスカラーダ聖堂」（九一三年）がある。とくに、イスラーム色の馬蹄形アーチや支柱つき円蓋などを用いた優美な装飾と完璧な融合をもって知られる。一見、イスラームのモスク建築にみまがう瀟洒《しょうしゃ》な佇まいである。

第二は、そのモサラベ美術の写本絵画として重要な「ベアトゥス写本」（「黙示録註解書」、十世紀―十三世紀）がある。一見「熱帯の花園」を彷彿させる独創的なデッサンと強烈な色彩用法は、おそらく近東のシリアやアルメニア写本を手本にしたものであろう。その様式的および装飾的な起源は、遥か東方のササン朝ペルシアから西のアフリカ（コプト）へと遡及する。その時をこえた「記憶像」こそ、十八世紀の天才画家ゴヤからピカソ、ミロへと連なる「スペイン近代絵画」の源流ともなった。

総じて、西欧「ロマネスク美術」の起源には、その名称の由来となる古代ローマやケルト、ゲルマン等の伝統だけでなく、イスラームおよびオリエント文明の遺産を無視できない。また、主要な影響文明圏は、イスラーム、ビザンツをはじめ、エジプト（コプト）、シリア、アルメニアから遥かペルシアにおよんでいる。少なくとも、西方キリスト教美術をよく理解するためには、東方の源流に遡る必要があろう。これまで、西欧美術史上に黙過されがちな「影響文明圏」の究明は、新たに多様な芸術様式の関係性や連続性を読みとく鍵となろう。

このように、サンティアゴ巡礼は、西欧文明の霊的生命とともに、その歴史的な形成に大きく寄与している。さらに私の関心は、新たなサンティアゴ巡礼への視点として、これまでの古伝承（「聖ヤコブ崇敬」）をこえる「聖性論」の探求にある。その「聖なる根拠」について、より宇宙的な広がりを秘めた根源的な解釈の試みである。

その淵源は、おそらく、通説の霊験あらたかな「聖ヤコブの墓」というより、むしろ近接する「海の神話」に求められよう。ひとまず、コンポステーラの位置を点検しよう。まさに、ガリシア海にのぞむ「最果ての地」（フィニス・テラエ）にある。世界の多くの創生神話が託した「原初海洋」のイメージは、「母なる水」としての無限の生命力と不死生である。申すまでもなく、この地に先住した古代ケルト人の信仰は、霊魂の不滅を教条とし、西の果てる海の彼方に「ケルトの楽園」があると信じた。他ならぬコンポステーラの聖性も、地球全体をとりまく「オケアノス」（海洋）の深淵に根づくものであろう。その遥かなる光景に、ふと「聖なるもの」の顕現と普遍性を読みとることもできよう。

「聖なる美」の流転と原郷

総じて、歴史上にみる多くの文化や文明の生成は、思いのほか自らの単独の業というより、異なる民族や宗教の多彩な交流と変容に負うところが多い。さいごに、これまでの自分史としての旅路から、新たな共生の調べとして、日本にもわたる具体的な作例をかい間見よう。

まず、先の西欧「ロマネスク美術」の源泉となった「ベアトゥス写本」（「黙示録注解書」）の起源は、どこであろうか。それは、遥かにシルクロードの終点シリアから、北アフリカ、スペインにおよんでいる。とくに、仏教美術の影響として、その主題や芸術表現との関係は深い。たとえば、その代表作「雲に乗って来臨するキリスト像」(「黙示録」一―七、九七〇年、マドリード王立アカデミー所蔵)を例にとろう。その挿絵は、まさに阿弥陀如来が右手の親指と薬指で印を結び、下品に対する説法を暗示するかのようである。いわば、「イベリア半島の仏教美術」ともいえよう。

同じく、中世キリスト教の宗教伝説として有名な「聖バルラームと聖ヨサファト」の場合は、どうであろうか。その物語は、およそインドを起源にして、すでに八世紀にはシリア教会でも見うける。その後、ビザンツ経由で十一世紀には広く西欧世界に広まった。しかも、その内容は、明らかに釈迦の「本生譚」を下敷きにしている。ちなみにこのヨサファトとは、他ならぬ「ボットサトヴァ」(菩薩)の変形である。伝説によれば、本来インドの王子とされる。やがて人生の苦難を悟って、ひそかにエジプトの穏修士バルラームと接見しキリスト教に改宗した、ともされる。いわゆる、人間の死を生の別形態と見なして俗世を捨てる「仏陀伝説」とも、一脈通じるものがあろう。その有名な図像は、イタリア・パルマの「洗礼堂」(タンパン半円形壁画)に見ることができよう。

他方、仏教美術の東漸の歴史も興味深い。いわゆる、一世紀末のガンダーラ美術や一歩遅れたマトゥラー美術を融合して、新たにグプタ朝の「仏像」が完成する。その後、インドから西域、中国、朝鮮をへて六世紀後半に日本に伝播している。

ところで、日本仏教にみる仏像の起源は、どうであろうか。その誕生を告げる飛鳥時代の法隆寺・本尊（「釈迦三尊」、六二三年）は、インドとりわけ中国を祖型としている。その後、平安中期の「薬師三尊」（九九〇年）では、すでに「和様化」の顕著な傾向が認められよう。また、法隆寺金堂壁画「観世音菩薩」の源流が、インドの「アジャンター壁画」の白眉とされる「持蓮華菩薩」（第一窟、六世紀）に遡及することは、すでに美術史上の立証をへた事実である。このように、身近な旅路の途上にも、幾重もの「知の連鎖」や「共生の風景」に出会う。総じて、いわゆる「聖なる美」に通底する偉大な「象徴記号」を読みとることにもなろう。

あらためて、スペイン・サンティアゴ巡礼を顧みるとしよう。その深層には、高度宗教の呪縛や国家の境界をこえる「文明のモザイク模様」と「聖なる美の普遍性」が刻まれている。ここに、広大な人類文明史を鳥瞰するとき、新たに比較文明学を導いた二人の巨匠の言葉が甦る。すなわち、その一人A・クローバーの「芸術様式の発展は、全体として一つの道をたどっている」との歴史的な検証である。また、他の一人A・トインビーの「文明の同一性は、差異性よりも重い」との歴史的な洞察である。

今日、まさに人類共同の「地球文明」を迎えるなかで、その生涯を賭して「人間共通の価値観」（グローバル・エトス）を求めた二人の言葉の意味は重い。

エピローグ
「ポストコロナ」と新しい旅路
――「オンライン授業」の窓辺から

「ゼミナール」の一風景

皆さんこんにちは。聖心女子大学・キリスト教文化研究所「教養ゼミナール」で、「世界の聖地紀行――巡礼文明論の調べ」を担当しております吉澤です。今回は、ご承知の「新型コロナウイルス」の影響により、新趣向と申しますか「画面」越しの「オンライン授業」となります。今日は、広く私ども「月曜ゼミ」の「回顧と展望」もそえながら、ひとまず、主題として「ポストコロナと新しい旅路」と題してお届けしましょう。

とくに今回は、あえて「特別授業」という名が冠されています。私なりにその意を解して、まず本題の前に、あらためて「私的回想」の一端として、キリ研「ゼミナール」の誕生風景を顧みたいと思います。もとより、この「ゼミナール」という言葉は、一説にカトリック・イエズス会の予備・教育機関ともいえる「神学校」(セミナリヨ)に由来する、ともいわれます。今日では、一般に、大学の中核をしめる独自の教育法として注目されるものです。いわゆる、「教授指導による、学生の自主的な共同研究」とも申せましょうか。その広義の意味は、新しい希望の未来に向けて「真理の芽を培う」ということでありましょう。

他方、その趣旨は、国連教育科学文化機関の「ユネスコ」が提唱した「生涯教育」にも一脈通じるものがあります。いわゆる、一九七〇年代の初頭に、フランスの教育思想家でユネスコの要職も務めましたポール・ラングランが、新たに「未来への学習」（『生涯教育入門』、一九七〇年）として唱えたものです。一種の「学問・教育の再構築」ともいえましょう。

その目標は、広く人間の自己定位と社会変革を求め、さらに問題解決と実践への学習を目ざしたものです。その「場」（トポス）に集う人々は、何よりも創意をこめた「自主的な思考」を学び、また自己変成への飛翔を期した「豊かな出会い」と「真の交わり」を享受《きょうじゅ》することにもなります。

ちなみに、聖心「キリ研ゼミ」の創設は、一九七一年の四月のことです。ここに、あらためて、いち早く「ユネスコ」と機を一にして開設され、さらに来春には「五〇周年」を迎える「キリ研ゼミ」の歩みに想いが募ります。やはり、一抹の深い感慨を覚えざるを得ません。なお、初期の「ゼミナール」風景として、その「開講科目」には、「マルセル講読」（広瀬京一郎）、「トレルチ講読」（木間瀬精三）、「トインビー研究」（吉澤五郎）および「ヘブライ語文法」（後藤光一郎）等がみられます。

ここに、一私的な願望として、またいつの日か、「人、ひとに会う」という恩寵《おんちょう》の摂理が叶うことを願ってやみません。

放送大学のテレビ番組から

ところで、私はかつて放送大学で、文化人類学者の米山俊直先生と組み、新しい「テレビ番組」を担当したことがあります。いわゆる、新たな知のパラダイムとしての「比較文明学」を主題に、トインビーを先駆とする代表的な学説をはじめ、その広大な知的景観および今日の全人類的な「地球文明」の道標等を討議したものです。いわば、今日の「オンライン授業」の「先達」といえるかも知れません。

ちなみに、この全一五回にわたる講義の出演者には、梅棹忠夫・伊東俊太郎先生をはじめ、第一線の多彩な顔ぶれが見られます。また、本「ゼミ・テーマ」とも関連する「巡礼問題」については、山折哲雄先生が「一神教と多神教」の間にみる危うい葛藤と新たな展望について、諸宗教の巡礼体験を交えながら解読されています。

なお、本研究所編の「宗教文明叢書」(第一巻)をなす『巡礼と文明』(春秋社、一九八七年)の刊行に際し、山折先生が「書評」を書いて下さいました。その冒頭には、「本書の題名に示されるように、先ずはその主題の包括性と横断的な視野の拡大は、近来まれな試みである」との賛辞を寄せてくださいました。また、この本は「巡礼研究」の基本文献ともなっています。私も、新しく「ヨーロッパの誕生問題」として、「サンティアゴ・デ・コンポステーラ巡礼」の道行きを紹介しております。

また、出演者のもう一人・文化人類学の片倉もとこさんは、この番組のために、急遽サウジアラビアの調査先から駆けつけてくれました。その折のテーマは、今日の「コロナ情勢」下で基本問題となる「移動と文明」です。その「移動」の人類史と明日の課題について、世界を舞台に検証した著作が、この『「移動文化」考――イスラームの世界を訪ねて』（日本経済新聞社、一九九五年）であります。いわゆる、アラビア人たちの「移動の哲学」に照らした人生と、そのしなやかな生活風景を軽妙なタッチで描いたものです。一読して、いかにも、広大な「移動交響楽」を奏でるかの如くでした。申すまでもなく、「人間の歴史と進展は、〈移動〉によって始まった」のです。

なお、この番組の放送期間は、一九九七年から二〇〇一年にわたるものです。まさに、二十一世紀の開幕を告げる、いわゆる「第三の千年紀」とも称される「時代の大転換期」でもありました。その点、今回の「オンライン授業」の時代状況とも重なり、何とも「不思議な縁」を感じたりもします。いわゆる、人類文明史を大きく分かつ「文明の転換期」として、かのポール・

ゴーギャンが遺した「精神的な遺言」が、いま新たな重みをもって甦ります。その画題は、ご承知のように、「我々はどこから来たのか、我々とは何者か、我々はどこへ行くのか」と問いかけています。

ここで、あらためて、世に「予言の書」ともされる『黙示録』（『新約聖書』――「ヨハネの黙示録」）の告知が浮上します。その主題は、「世界の終末」、「最後の審判」および「新しき天地の創造」となっています。いかにも、現況の大きな時代不安と重なるシナリオです。いま、他ならぬ「二十一世紀の黙示録」として、その命運が問われているとも申せましょう。

私も、最近の「ゼミ・テーマ」として、「黙示録の旅」をとりあげたことがあります。とくに、その「黙示録」を典拠とする、いわゆる「黙示録美術」の誕生と変容をたどるものです。その訪問先の一例として、まず、「写本挿絵」を代表するサン・サヴァンやチヴァーテの聖堂、また「タンパン彫刻」を彩るモアサックや「祭壇壁画」のヘントの聖堂、さらに黙示録の「タピスリー」で名高いアンジェの居城などがあります。

「コロナ禍」の木陰に

では、ここで、本題の「ポストコロナと新しい旅路」に移りましょう。今日、すでにご承知のように、新型コロナウイルスの暗雲が、世界の地表を覆っています。その感染拡大の機運は衰えず、まさに見えない恐怖と不安を強いる「世界的な大流行」（パンデミック）の観があります。総じて、この現代史を大きく分かつ「未知なる挑戦」に対して、どのように「新しいヴィジョン」を開示できるでしょうか。

いま、あらためて「人類と母なる大地」の命運を解く「文明史的な応答」が問われている、ともいえましょう。私自身も、微力ながら、「新著刊行」（『ポストコロナの文明史像――「生への選択」とトインビー』）の責務のもとに「悪戦苦闘」の日々を送っています。他ならぬ、ゼミナリストの皆さんの近況は、いかがでしょうか。

いまや、新型コロナウイルスの世界的な襲来は、私どもの日常生活に大きな制約と変貌を強いることになります。通常、「人間行動」の支柱として、三つの基本要件があげられます。すなわち、「移動」「集合」さらに「対話」への道です。しかし、現状はどうでしょうか。人間の本性ともいえる「移動」は拒まれ、親しい友人との接触や食事もままなりません。余談ですが、本来「食事」の意味とは、どういうものでしょうか。少なくとも、たんなる「栄養の摂取」に留まるものでありません。いわば、人びとの会食とは、相互に緊密な「関係」をつくり、さらに「友愛」の願望を秘めた、一種の「聖なる絆」を結ぶことにありましょう。

しかし、このような「暗い物語」が進行する中で、一筋の「希望の光」をかい間見ることもできましょう。その一つは、今日、世界的な「同時鎖国」や「外出自粛」の禁制が敷かれる中で、わずかながらも「地球環境の改善」の兆しが見えることです。現に、大気汚染に満ちた「都市の空気」もいくらか和らぎ、また地上に青空がもどって「海や山の光景」も、くっきりと映えわたるようになりました。話は飛びますが、かつて「水の都」ヴェネチアの運河や水路によどんだ水も、いまでは透明度をまし見違えるようにきれいになりました。

ある意味では、他なら「コロナ禍」の警告が、人間の新たな自覚と良識を誘い、さらには浄化能力をうながしたともいえましょう。今日、人間が自ら種をまいた「地球温暖化」や「気候変動」の災いを転じ、明日の将来世代に「美しい地球」を贈る、そのほのかな希望も湧いてきました。

他の一つは、一連の「読書」を伴侶とする「新たな知」への旅路です。たしかに、現状のやるせない「閉塞状況」では、うかつに外出もできず、自ずと家の中にこもりがちです。しかし、考えようによっては、一種恵まれた「時間の贈与」ともなりましょう。さしずめ、何もしない「空白の時間」というより、むしろ何ごとにも縛られない「自由な時間」の誕生とも考えられます。それこそ、ミヒャエル・エンデの名作『モモ』（一九七三年）のように、いかがわしい灰色の「時間ドロボー」から自分の「真の時間」をとりもどす、絶好の機会ともなりましょう。

その上、通常、考えたり、また読むこともない類の本との出会いは、ときに新たな発見と開眼を誘い、実生活では得がたい「精神的な充実感」を育むことにもなります。一連の「良き読書」は、生き生きとした「生の回復」を約束し、〈新たな知への旅立ち〉を誘うことになりましょう。じつは、最近ことに、読書に親しむ若い人びとが増えているようです。

作品Ⅰ『ペスト』（アルベール・カミュ著）について

すでに、多くの書店には、新型コロナウイルスの流行に重ねあうように、一連の感染症や震災また戦争などの災厄に照らした新本が、所狭しと並んでいます。ここでは、私なりの書棚に眠る「古書」を顧み、また新たに求めた「新本」等を手引きに、新たな「読書の旅」にご案内したいと思います。まず、昨年（二〇二〇年）の新年早々（一月下旬）ですが、新型コロナウイルス発生の「第一報」と同時に思い浮かべた「三冊の本」があります。すでに、世評の高い本ですが、以下に私なりの「脚色」を交えてご紹介したいと思います。

まず「第一の作品」は、フランスの作家アルベール・カミュの傑作『ペスト』（一九四七年発表）です。ご承知のように、カミュは、一九五七年に、「不条理の文学」の主唱者として「ノーベル文学賞」を受賞しています。目下『ペスト』は、フランス・イタリアおよび英国等で「ベストセラー」となり、世界的な「話題」になっています。

日本でも、異例の注文殺到で大幅な増刷をみているようです。たしか、異なる訳者による数種の本がありますので、きっとお読みになった方も多いかと思います。ここにお持ちしたのは、いち早く刊行された宮崎嶺雄さんの訳になる『ペスト』（新潮社、一九五八年）です。余談ですが、値段は、当時の三九〇円です。なお、最近ではＮＨＫの教養番組（「１００分de名著」）でも、カミュの『ペスト』（解説・中条省平氏）が放映され、好評のようです。

この小説の舞台は、本書の冒頭に紹介されるように、フランス領アルジェリアで地中海に面した小さな町オランです。おもな筋書きは、当時「謎の熱病」ともされた「ペスト」（一九四一年）の猛威と社会的な錯乱、およびその極限状況下で果てしなき「不条理」と闘う人びとの葛藤と連帯の姿を描いたものです。きっと、今日の読者は、突然降りかかった身近な関心事として、まだ全容が見えない新型コロナウイルスの脅威と向きあう手がかりを求めたのでしょう。

ここで、あえて申しそえれば、とくにカミュの『ペスト』が提示した「普遍的な問題」に目を向けたいものです。いわゆる、「ペスト」に象徴される災厄の諸相として、他ならぬ人間による「人間の自由」の収奪、あるいは他者排除の「差別と迫害」、さらにはおぞましい「人間の死の様相」等があります。

いわば、自ら、そのような「不条理な運命」を明らかにし、むしろ抗しながら、より望ましい「生への選択」を試みるべきでしょう。そこにまた、時をへて人間が犯す「無関心」や「忘却」の罪障が、「もう一つの災厄」として問われている、とも申せましょう。カミュのさいごの言葉を引用すれば、たとえペストから解放されて祝賀の花火が上がっても、これからも「ペスト菌は、決して死ぬことも、また消滅することもない」のです。

やや暗い趣の話が続きましたが、他面、わが意を得るような「明るい陽射し」にも恵まれます。とくに、作中の主人公である医師のリゥーや友人タルーのように、あえて時代の逆風に抗して、自分の良心と理性に徹し、苦闘しながらも誠実に生きる姿は感動的です。多様な人間が織りなす群像劇は、かならずしも軽蔑すべきものだけではありません。ときには、カミュが愛《め》でる地中海の「太陽と海」が輝くように。また、そのような「真摯にして高潔な人物像」の描写も見落とせません。お互いに「助けあい、励ましあう」人びとの群像に、一筋の「希望の光」を見ることもできましょう。昨今、何かと殺伐としてすさぶ心が、ふと洗われる心地もいたします。

やはり、カミュの『ペスト』は、たんに一時代の「良心的な証言」に留まることなく、これからの「苦難の時代と人生」を考える貴重な「心の糧」ともなりましょう。その意味で、「現代のペスト」とも見なせる、広島・長崎の「原爆投下」の悲劇や、福島の「第一原発事故」の悪夢は、まだ消え去ってはいないのです。いま、あらためて、世界と人間の「不条理」にどう抗するか。その真摯な問いかけは、不可避のようです。

作品Ⅱ『ペスト大流行――ヨーロッパ中世の崩壊』（村上陽一郎著）について

つぎの「第二の作品」は、著名な科学史家で現代評論にもとむ、村上陽一郎氏の『ペスト大流行――ヨーロッパ中世の崩壊』です。その第一版は、この手元にある新書版ですが、一九八三年（岩波書店）に刊行されています。目下、急遽増刷されて店頭に並んでいます。もっとも、村上氏は、早くから「ヨーロッパの歴史」に関心をもち、とくに、その「時代に刻まれた死」としての「ペスト」に対する思いは深かった、といえましょう。

じじつ、ヨーロッパでは、六世紀来数度にわたって「ペスト」の流行（パンデミック）に見舞われます。その中で、「最大・最悪のペスト」と称されるのが、十四世紀中葉（一三四七年）に全ヨーロッパを席巻したペストです。その「大ペスト」は、一説に「中央アジア」（中国・新疆省―「モンゴル帝国」・元の一部、一三三〇年）を淵源とし、海路メッシナ海峡を渡って、まず「イタリア」に上陸します。

その後、イタリアでの「感染ルート」は、ご存知のピサ、ルッカさらにフィレンツェ、ミラノ、ヴェネチアへと拡大します。ちなみに、イタリアの作家ボッカチョの代表作『デカメロン物語』（十日物語）は、当時フィレンツェの「ペスト」の風潮を揶揄《やす》して書かれたものです。その後、「ペスト」は、アルプス越えでフランス、ドイツへ、さらに大西洋を渡ってイギリスへと広がります。

本書では、その生々しい歴史的な痕跡を、手堅い入念な史料考証を通して、鮮やかに描き出していきます。とくに、当時の、おぞましい生活の実態や心の動揺、さらには独自の視点として、「病因」をめぐる神学・医学論争等にも立ち入ります。また、多彩なエピソードを交えながら、興味津々たるものがあります。

じじつ、このペストの蔓延によって、当時三〇〇〇万人近くの人びとが、無惨な死をとげています。およそ、ヨーロッパ人口の三分の一にあたります。その歴史的な余震として、いわゆるヨーロッパ中世社会を根底から揺さぶり、その分裂と崩壊を招くことになります。きっと多くの人びとが、その「恐怖のヨーロッパ像」を背景にして、深い沈黙の祈りとともに苦難の「巡礼の旅路」についたのでしょう。私も、かつて「ヨーロッパ中世巡礼紀行」の途上で、多くの町や村々の中央広場で、その悲劇をいたむ「ペストの塔」に出会い、しばし足をとめ立ちすくむこともありました。

　他方、村上氏は、今日の「コロナ後の世界」を生きぬく指針として、よく「メメント・モリ」（死を想え）という言葉を引用します。いわゆる、中世末期の十四世紀は、まさに「戦乱と疫病の世紀」として、大きな不安に包まれます。とくに、ペストの襲来と大量死は、人びとの心と生活に「深刻な影」を落とすことになります。先にあげた村上氏の「言葉」は、このような明日の運命も覚束ない「中世・暗黒期」に流布した「標語」（モットー）でもあります。

　今日私たちは、突如訪れた「コロナ禍」の代償として、身近に「隣り合わせの死」と対面することにもなりました。この思わぬ逆境の中で、あらためて「不条理な死」への想いを深め、新たな命と人生の在りようを見つめなおすことが望まれます。村上氏のやや異色の「提言」は、明日の「コロナ後」を生きる「最大の精神的な課題」を指している、ともいえましょう。

私は、かつてフランスの「ラ・シェーズ・ディユ修道院院」（フランス、オーヴェルニュ地方）を訪れたことがあります。その「神の座」を意味する大修道院の側廊には、当時大流行した有名な「死の舞踏」（ダンス・マカブル）と題する壁画があります。そのおぞましく、かつ免れない「死の幻像」にひたりながら、あらためて「死の形而上学」への想いを深めたことでした。いまでも、とき折の講演会に際して、その「死の画像」をプロンプターで紹介したこともあります。

ここに、一言加えるならば、この暗い「ペスト」の弔鐘（死者をとむらう鐘）のもとに、かの有名な「イタリア・ルネサンス文化」の花が開いた、ともいえましょう。歴史の「予期せぬアイロニー」とも、申せましょうか。

なお「本書」の舞台は、私の「中世巡礼紀行」のルートも重なり、さらに久しく村上氏との面識もあり、心に響きあう「一書」として忘れがたいものです。

作品Ⅲ『疫病と世界史』（ウイリアム・H・マクニール著）について

さいごの「第三の作品」は、カナダ出身の歴史家で、「アメリカ歴史学会」の会長も務めましましたウイリアム・H・マクニールの『疫病と世界史』（一九七六年、佐々木昭夫訳、上・下、中央公論社、二〇〇七年）です。日本でも、すでにいくどかの版を重ねています。書店の書棚では、大きく表紙の両面開きで積まれています。さしずめ、業界用語をそえれば、通常の「棚差」でなく、特別扱いの「面陳」ということでしょうか。

ところで、著者のマクニールは、現代アメリカでもっとも「尊敬される歴史家」の一人、とされます。昨今、日本の「読書界」でも大きな話題をさらっています。じつは、今回の私なりの「読書遍歴」のなかでも、もっとも心惹かれた「一書」でもあります。とりわけ、マクニール史学の特徴は、何ものにもとらわれない「自由の精神」、鋭く的確な「直感力」、さらに歴史の全体像と新しいヴィジョンを伝える「巨視的な考察」にあります。

「本書」の主眼は、これまで諸種の疫病が、世界の「文明興亡史」にどのような影響をあたえたか、にあります。いわゆる、歴史上の大文明が、とくに周辺の小社会へと拡大されるとき、他ならぬ「微生物」の感染はどんな役割を果たすのか、との問いかけです。

マクニールの見解では、総じて、人類の存在は、つねに感染症に脅かされる弱い存在であり、とくに現代の高度に一体化した交通網の中で、その危険度は高いとの診断です。

今後の展望として、人間による一方的な感染症の制圧というより、むしろ、両者の「共生の道」が説かれている、ともいえましょう。ここに、マクニール自身も表明するように、これまで多くの歴史家が目にも留めなかった主題の、今日的な重要性を嗅ぎとることができましょう。一種の、自分に専門分野だけを住処《すみか》とする「専門家」への厳しい批判、でもあります。いま、自戒をこめて、マクニールの雄大な「人間的想像力」に学ぶ意義は大きいと思います。

マクニールとトインビーの出会い

ここで、マクニールにまつわる「二つのエピソード」をご紹介したい、と思います。その一つは、マクニールの壮大な「世界史構想」に影響をあたえた先駆者の一人として、A・トインビーの名をあげることができます。じつは、かつてマクニールが提出した「学位論文」の表題は、意外にも「アイルランドの近代化におよぼしたジャガイモの役割」でした。その「一地域史」の研究から、大きく「世界史」の構想へと飛翔した背景には、トインビーの豊穣な「知的遺産」があった、といえましょう。今回の「著作」、すなわち『疫病と世界史』もその例外ではありません。

また、マクニールは、生前に親交が深かった「トインビーの死」（一九七五年）に際して、自ら『アーノルド・J・トインビー——その生涯』と題する長大な伝記（原文・三四六頁）を著しています（オックスフォード大学出版局、一九八九年）。その「第一〇章」のタイトルは「真の世界人としてのトインビー」です。さすがに、トインビーの「知的肖像」をよくいいあらわしている、と思います。

私も、先般の「比較文明学会」（シンポジウム、二〇一九年）で、「真の世界人」としてトインビーの名をあげ、さらに日本の代表者として、伊東俊太郎先生と緒方貞子さんの名前をあげたこともあります。

他の一つは、日本で出版された「トインビー生誕一〇〇年記念論集」（日本評論社、一九八九年）に関してです。その表題は、『人間と文明のゆくえ』と題され、秀村欣二先生の監修で、私も編集の任を負いました。その折、マクニールも、喜んで寄稿を引きうけ、第一章「海外寄稿」の巻頭論文を飾ることができました。マクニールの論文は、「アメリカにおけるトインビー評価」と題され、とくに「二十世紀におけるもっとも注目すべき思想家」と結んでいます。今日、世界的にも「トインビー研究」に欠かせない重要な文献となっています。

いま、あらためて、マクニールの大作『疫病と世界史』の精髄にふれ、その「先見の明」とともに個人的な思い出も深く、感慨一入なるものがあります。

「旅する人間」へのメッセージ

以上、「オンライン・ゼミナール」の一環として、ひとまず今回の「新型コロナウイルス」の到来を背景とする、私なりの「読書遍歴」と新たな「知への旅路」について報告させていただきました。まことに、ささやかな「試み」ではあります。あえて、ここに掲げました「知の冒険」が、やがて一なる「真実の知」として実を結び、やがて人間の根源的な在りようを問う「巡礼の旅路」に昇華されんことを、心ひそかに願っております。

さいごに、終生「旅する人間」（ホモ・ヴィアトール）として名作を遺した、カトリックの代表的な哲学者G・マルセルの「メッセージ」をお届けしたい、と思います。いわゆる、「旅の心得」として、つぎの三点をあげています。その第一の「旅の歓び」とは、自分の住みなれた世界の「彼方」を想像することである。第二の「旅の楽しみ」とは、遥か遠くにはなれたものとの「心の交わり」を発見することである。第三の「旅への愛」とは、世界を「自分の内なるもの」とする「共生の道」を歩むことである、と結んでいます。

さて、皆さんの旅路とあわせて、ご印象はいかがでしょうか。ここに、マルセルの「旅の形而上学」として、自己と異なる他者および世界、さらには生きとし生きる生命全体を慈しむ、いとも温かい「まなざし」が読みとれましょう。まさに、「われをこえてこそ、われはある」という人生の奥義と指針を授かった、かの観があります。

また、いつの日か、「ゼミ・テーマ」としてお約束した「アイルランドの聖地紀行」について、とくに「モン・サン・ミシェル巡礼とケルトの残照」を心にとめながら、「新たな旅立ち」が叶えばと夢見ております。

そのアイルランドの「西海の果て」にのぞむ終着地は、他ならぬ「聖なるもの」の宇宙的な根づきを秘めています。ありがとうございました。

おわりに――「トインビー三部作」を終えて

これまで、表題に「トインビー」を冠した自著として、本書をふくめて三冊になります。もとより、本を著すということは、なにか著者の心を駆りたてる「強い目的」を秘めるものでしょう。

第一作『トインビー――人と思想』（清水書院、一九八二年。新装版・二〇一五年）は、トインビー研究の先達であり恩師でもある山本新先生の推挙によるものです。とくに、本書の意匠として、まず「人間トインビー」の魅力と学風を描いています。さらに、その知的航跡を彩る独自の「歴史観」や「宗教観」および「日本紀行」等を中心にすえながら、新たに現代的な討議をふまえて全体論的に吟味したものです。

第二作『トインビーとの対話――現代への挑戦・希望の道』（第三文明社、二〇一一年）は、二十一世紀初頭の「二つの受難」、すなわちアメリカでの「同時多発テロ」（二〇〇一年）と、日本での「東日本大震災・原発事故」(二〇一一年)を背景としています。とくに、トインビーの「遺言」ともなる「人類と母なる大地」のゆくえを探索し、未来に向かう「現代史」の証言として、他ならぬ人間が作った「戦争という制度」や「病める地球」の暗雲等にわたる「グローバル危機」の諸相と命運を巨視的に解明しています。

第三作(本書)『ポストコロナの文明史像――「生へ選択」とトインビー』(潮出版社、二〇二一年)は、今日の「見えない恐怖」として全世界を覆う「新型コロナウイルス」の大流行を契機としたものです。とくに、現代史を大きく分かつ「未来への挑戦」として、明日への希望をつむぐ「地球文明」の歴史的な肖像と道標について、代表的な識者の語らいと自己遍歴としての旅路もそえながら総体として探求しています。

以上の「トインビー三部作」は、いずれも各表題に照らした、一種「独立の書」でもあります。他面、各主題を高次に収斂する「総合の書」への一過程にある、ともいえましょう。もっとも、完全なる「三部作」には及ばないものの、全体の知的景観から未来への「希望の光」を読みとって下されば幸いです。

なお、今年(二〇二一年)は、トインビーの世界的な名著『歴史の研究』(全一二巻、一九三四—六一年)が完成して、ちょうど六〇周年にあたります。また、トインビーが世界の巨匠たちと創設した「第一回国際比較文明学会」（オーストリア・ザルツブルク、一九六一年）の開催から、同じく六〇周年を迎えます。あたかも、この記念すべき佳節に符節を合わせるかのように、一連の「トインビー三部作」が成就したことに感謝したいと思います。一縷の望みとして、小著が新しい時代を拓く「開かれたトインビー研究」に資することになれば、望外の喜びです。

とくに、当節の「新型コロナウイルス禍」の不運のなかで、親しくお力添え下さった方々に、深く感謝申しあげます。まず、「トインビー・市民の会」創設来の顧問であり、また国際比較文明学会名誉会長の伊東俊太郎先生には、かつての「対談」（「二一世紀の文明史像」）の発議に加えて、最新の卓抜な知見を補っていただきました。また、日本の代表的な比較文学およびアメリカ大衆文化論の先駆者である亀井俊介先生には、座談会（「変貌するアメリカとトインビー」）の掲載につき、早速「御著に収めていただけるのは非常に嬉しいことです」とのご厚意にあずかりました。

第三部冒頭に掲げる山本新先生との対談（「アーノルド・トインビー逝く」）をはじめ、いずれの論考も現代の混沌を照らす曙光として、明日を生きる「希望の知」を伝えています。総じて、トインビーの「文明批評」は、新たな「世界史学」の一翼として、壮大な歴史的な知見と未来への洞察を秘めています。いわば、一時代をこえる「永遠性と現実性」をやどしている、ともいえましょう。まさに、いま「ポストコロナの文明史像」として、偉大な思想家「トインビー」が問われるゆえんでもあります。

また、比較文明学会の現会長であり、インドの宗教思想に通じる保坂俊司先生には、新たな「宗教間対話」の道標となる仏教哲理について、懇切な助言を得ました。他方、長年「トインビー・市民の会」および後続の「トインビー・地球市民の会」で苦楽を共にした詩人の加藤三朗さん、および会誌『二一世紀とトインビー』の編集長・吉田朝子さんには、本書の草稿段階で「内容・資料」等の確認で大層お世話になりました。いつもと変わらぬ諸氏のご厚情に、この場をかりて心からお礼申しあげます。

なお本書の刊行にあたり、出版部の末永英智氏とは、表題のトインビー論等を語りあう楽しい「知の旅路」ともなりました。記して、ご助力に感謝いたします。

二〇二一年十月五日

吉澤五郎

【付】「トインビー生誕一〇〇周年」記念事業の記録（トインビー・市民の会）

■「トインビー・アジアフォーラム」の開催

主催：「トインビー・市民の会」、韓国嶺南大学韓日文化比較研究所、
中国人民大学比較文明理論研究所、同大学理論教育研究所

後援：文部省、比較文明学会、（社）日中協会、国際交流基金、朝日新聞社、毎日新聞社、読売新聞社、日本経済新聞社、産経新聞社、中日新聞東京本社、日本放送協会、日本クリスチャンアカデミー

特別協賛：ブリティッシュ・カウンシル、英国航空、国際文化会館

Ⅰ　東京フォーラム１　一九八九年四月一日（於：国立教育会館大会議室）

「人間と文明・国際フォーラム」――トインビー生誕一〇〇年、「トインビー・市民の会」創立二〇周年記念

開会挨拶　秀村欣二（「トインビー・市民の会」代表理事、東京大学名誉教授）

祝辞　伊東俊太郎（比較文明学会長、東京大学教授）

記念講演　「父の思い出」ローレンス・トインビー（英国・画家）通訳　川窪啓資
シンポジウム　「人間と文明のゆくえ」（司会　吉澤五郎）
「地球文明における宗教の役割――トインビーの見解」C・B・ビーバー（米・弁護士）
「東アジア文明における中国と日本」周頌倫（中国・東北師範大学日本研究所講師）
「儒教文明圏の将来と韓国」李洋基（韓国・嶺南大学教授）
特別講演　「日本文明史の構想」上山春平（京都国立博物館長、京都大学名誉教授）
レセプション　レストラン「キャッスル」

Ⅱ

東京フォーラム２　一九九〇年六月十六日（於：国立教育会館中会議室）
「環太平洋時代のゆくえ――中国と日本」――トインビー生誕一〇〇年、日中トインビー・フォーラム
挨拶　秀村欣二
挨拶　伊東俊太郎
基調報告　「トインビーにおける日本と中国」吉澤五郎（聖心女子大学キリスト教文化研究所室長）
「中国の社会主義的精神文明とトインビー」許啓賢（中国人民大学理論教育研究所教授）

コメンテーター　小林多加士(東京国際大学教授)
　　　　　　　　呉潜涛(中国人民大学理論教育研究所講師)
講演「世界史の大転換期と中国文明」西川潤(早稲田大学教授)

Ⅲ

韓国フォーラム　一九八九年九月六―八日(於：韓国―慶州、大邱)
「韓国の未来とトインビー」――トインビー生誕一〇〇年、韓国記念講演会

●九月六日(花郎教育院、慶州)
　挨拶　朴致旭(花郎教育院長)
　　　　李源植(慶州市長)
挨拶　秀村欣二
講演「韓国の近代化と伝統文化」伊藤亜人(東京大学助教授)
　　「世界新システムを考える」小林直樹(東京大学名誉教授)
●九月七日午前(嶺南大学人文館講堂、大邱)
講演「歴史認識の韓日比較」伊藤亜人
●九月七日午後(KBSホール、大邱)
挨拶　秀村欣二

シンポジウム「韓国の未来とトインビー」
基調報告「日本とトインビー」吉澤五郎
「韓国とトインビー」李洋基

●九月八日午前（大倫高校講堂、大邱）
挨拶　秀村欣二
講演「トインビーの文明史」神山四郎（神田外語大学教授、慶応大学名誉教授）

●九月八日午後（ニュー嶺南ホテル、大邱）
「韓国トインビー文明史観研究会」発起人会
講演「トインビー・市民の会と日韓文化交流」川戸力（「トインビー・市民の会」総務理事）
発表「トインビーの中国観と韓国文明」白道根（嶺南大学講師）

Ⅳ

中国フォーラム　一九九一年四月二十七—二十八日（於：中国—北京）
「世界史の転換と東アジアの地域協力——日本と中国」トインビー生誕一〇〇年、トインビー北京フォーラム

●四月二十七日（中国人民大学）
挨拶　許征帆（中国人民大学理論教育研究所長）

挨拶「中日トインビー研究の結実——社会制度の相違をこえて」鄭杭生(中国人民大学副学長)
報告「アジア太平洋時代と中国」西川潤
報告「比較文明史から見た中国文明」伊東俊太郎(国際日本文化研究センター教授、東京大学名誉教授)
報告「トインビー研究の意図」娘文傑(中国社会科学院哲学研究所副教授)
報告「トインビーの歴史観と中国文明」吉澤五郎
報告「中国の伝統文化と社会主義精神文明建設」韓海涛(中国人民大学比較文明理論研究所講師)
報告「東アジア文化圏のダイナミックス」小林多加士
報告「トインビーの挑戦と応戦」陳瑛(中国社会科学院哲学研究所教授)
報告「比較文明学の思想と実践課題」神川正彦(國學院大学教授)

●四月二八日(中国人民大学)
報告「トインビーの倫理思想と東アジア」川窪啓資(麗澤大学教授)
報告「トインビーの歴史研究と中国観」張民耕(当代中国研究所博士)
挨拶　許啓賢
挨拶　川戸力

V

ベトナムフォーラム　一九九六年一月三日九日（於・ベトナム―ホーチミン・フエ・ハノイ）

「ベトナム文明とトインビー史観」――トインビー生誕一〇〇年、ベトナム懇談会

［おもな討議内容］

トインビーの「歴史観」とベトナム／トインビーの「ベトナム戦争」批判／ベトナム歴史学会と日本との文化交流／トインビー文献のベトナム翻訳事業

●一月四日（ホーチミン総合大学、ホーチミン）

出席者（ベトナム側）

グエン・ゴック・ジャオ（ホーチミン総合大学学長）

ホン・ベン・セン（同教授、科学調査・国際協力部代表）

チャン・リン・トオック（同教授）他一名

（日本側）

吉澤五郎・加藤勇（「トインビー・市民の会」理事―以下同様）

●一月五日（フエ）

グェン・ティ・キン（フエ国家大学副学長）他一名

●一月八日（ベトナム教育・体育省、ハノイ）

（午前）

ファン・ミン・ハク（ベトナム教育・体育省第一副大臣、前教育省大臣）

ホアン・ゴック・ハ（ハノイ鉱業・地質学大学教授、国際関係学部副部長）他一名

（午後―自宅訪問）

ファン・フィ・レー（ベトナム歴史学会会長、ハノイ大学教授）

■「トインビー生誕100年記念論集」の刊行

I　『人間と文明のゆくえ』（トインビー生誕一〇〇年国際論集―秀村欣二監修／吉澤五郎・川窪啓資編、日本評論社、一九八九年）

（目　次）

アメリカにおけるトインビー評価　W・H・マクニール／一歴史家の良心　C・B・ビーバー／トインビーの中国観——その魅力と展望　周頌倫／中国における「西洋問題」——トインビー史学の意義　唐澐／トインビー思想と韓国——儒教文明圏の将来　李洋基

1　歴史家トインビー

トインビー史学の歴史的境位——今なぜトインビーか　神川正彦／イスラム歴史哲学の発見　神山四郎／トインビーのギリシア研究——彼の生涯と著作活動との関連において　秀村欣二／諸文明の「同時性」と円環的時間意識——トインビーの「トゥキュディデス体験」を中心として　三宅正樹／都市と文明——トインビーの視点と課題　吉澤五郎

2　国際政治学者トインビー

トインビーの平和観——日本国憲法九条を中心として　小林直樹／トインビーにおける国際政治と日本の国体　河合秀和／トインビーと南北問題　西川 潤／二一世紀の世界・東アジア・日本　謝世輝／トインビーと『国際問題大観』——国際政治学者としての側面　川窪啓資

3　求道者トインビー

トインビー神学がめざしたもの　山口光明／トインビーの高度宗教観　平田家就／トインビー

における神道観の展開　戸田義雄／トインビーのキリシタン観　井手勝実／トインビー、求道者としての出発　安藝基雄／トインビーにおける逆転の思想　中込道夫

4 トインビーを語る

トインビー博士の最初の訪日　松本重治／トインビー教授と松永安左エ門翁　平岩外四／トインビーの翻訳と私　長谷川松治／歴史研究の重要性　鈴木治雄／トインビーと日本外交　高橋通敏／トインビーとニーダム　國弘正雄／トインビー先生のお人柄を偲んで　若泉 敬／アルプローフェッソール・トインビー　板垣雄三／英国の挑戦　西澤龍生／トインビーとトマス・モア　門間都喜郎／儒教文明圏の胎動とトインビー博士　小林多加士／トインビーと比較文明学会　伊東俊太郎／文明学科とトインビー　松本富士男／比較芸術学とトインビー　佐藤潔人／広い歴史的視野と実際性　永井道雄／トインビーとの出会い　池田芳蔵／トインビーから学んだもの　梅原 猛／トインビー史観の魅力《対談》　鈴木成高＋増田四郎

付「トインビー・市民の会」の記録

トインビー博士からのメッセージ／「市民の会」創立から二〇年　川戸 力／今なぜ「市民の会」なのか　伊藤 等／ゼミナールの教訓　加藤 勇

II　**『文明の転換と東アジア』**（トインビー生誕一〇〇年アジア国際フォーラム報告書―秀村欣二監修／吉澤五郎・川窪啓資編、藤原書店、一九九二年）

（目　次）

〈特別寄稿〉本書によせて――父、アーノルド・トインビー　L・トインビー

〈序論・海外寄稿〉

東アジアの文明論的パースペクティヴと日本　神川正彦／2　トインビーの国際政治観　マシュー・メルコ／3　世界国家の未来　デイヴィド・ウィルキンソン／4　トインビーの大いなる期待――中国　ケネス・ワイントラウト

1　地球文明の問題

挨拶　地球時代の課題をおって　伊東俊太郎／日本文明史の構想　上山春平／地球文明における宗教の役割　クリスチャン・B・ビーバー／東アジアにおける中国と日本　周頌倫／儒教文明圏の将来と韓国　李洋基

2　環太平洋の時代

挨拶　世界システム、世界平和の担い手——トインビーの期待　秀村欣二／世界史の大転換期と中国文明　西川潤／中国の社会主義精神文明とトインビー　許啓賢／トインビーの人生価値観と啓示　呉潜濤／トインビーにおける日本と中国　吉澤五郎／文明の転換と再生の道　小林多加士

3　韓国の未来

挨拶　韓国とトインビー——高きヒューマニズム精神を　金起東／挨拶　過去の反省とトインビー精神を求めて　秀村欣二／歴史認識の日韓比較　伊藤亜人／新世界システムを考える　小林直樹／トインビーの文明史から　神山四郎／朝鮮文明とトインビー　吉澤五郎／トインビーの中国観と韓国文明　白道根／「韓国の未来とトインビー」—フォーラムを終えて　李洋基

4　東アジアの地域協力と中国

挨拶　中日トインビー研究の結実——社会制度の相違をこえて　鄭杭生／東アジア文化圏のダイナミックス　小林多加士／アジア太平洋時代と中国　西川潤／比較文明史から見た中国文明　伊東俊太郎／比較文明学の思想と実践課題　神川正彦／挑戦の試練と応戦の叡智——トインビー『歴史の研究』を読んで　陳瑛／トインビー研究の意図　張文杰／トインビーの倫理思想と東アジア　川窪啓資／トインビーの歴史観と中国文明　吉澤五郎／「中国フォーラム」を終えて　川戸力

吉澤五郎　よしざわ・ごろう

一九三七年生まれ。早稲田大学大学院文学研究科（西洋史学）特別研究課程修了。聖心女子大学キリスト教文化研究所室長、放送大学客員教授、麗澤大学客員教授、東海大学講師、秀明大学大学院講師等を経て、現在、比較文明学会名誉理事、聖心女子大学教養講座講師、京都創生百人委員会委員。元、比較文明学会会長、総合人間学会理事、トインビー・市民の会理事、トインビー・地球市民の会代表（特別顧問）。専攻は比較文明学、西洋中世文化史、巡礼文明論。「二十世紀最大の歴史家」A・トインビー研究の第一人者。

〔著書〕『トインビー――人と思想』（清水書院）、『世界史の回廊――比較文明の視点』（世界思想社）、『旅の比較文明学――地中海巡礼の風光』（世界思想社）、『トインビーとの対話――現代への挑戦・希望の道』（第三文明社）。

〔共編著〕『比較文明論の試み』（論創社）、『地球文明への視座――トインビー現代論集』（トインビー著、経済往来社）、『周辺文明論――欧化と土着』（山本新著、刀水書房）、『人間と文明のゆくえ――トインビー生誕１００年記念国際論集』（日本評論社）、『文明の転換と東アジア――トインビー生誕１００年アジア国際フォーラム』（藤原書店）、『比較文明の社会学――新しい知の枠組』（放送大学出版会）、『比較文明における歴史と地域』（朝倉書店）、「文明間の対話に向けて――共生の比較文明学」（世界思想社）。

〔共著〕『トインビーの中国観』（社会思想社）、『トインビーのアジア観』、『トインビーの歴史観』（第三文明社）、『巡礼と文明』（春秋社）、『宗教と文明』（朝倉書店）、『文明への視座』（東海大学出版会）、『共生と平和への道』（春秋社）、『人間はどこにいくのか』（学文社）他。

潮新書 041

ポストコロナの文明史像「生への選択」とトインビー

2021年 11月5日 初版発行

編 者｜ 吉澤五郎
発行者｜ 南 晋三
発行所｜ 株式会社潮出版社
〒102-8110
東京都千代田区一番町6 一番町SQUARE
電話 ■ 03-3230-0781（編集）
■ 03-3230-0741（営業）
振替口座 ■ 00150-5-61090

印刷・製本｜ 株式会社暁印刷
ブックデザイン｜ Malpu Design

ISBN978-4-267-02313-2 C0220